Émotions : mode d'emploi

Collection **Psycho-Soma**

OUVRAGES DU MÊME AUTEUR

Cette publicité qui nous dérange (Entente ; 1982).
L'Analyse Transactionnelle pour mieux vivre (Éd. d'Organisation ; 1993).
Être franc-maçon aujourd'hui (Marabout ; 1994).
Le Guide du bon animateur (Marabout ; 1994).
La Voyance, guide pratique (De Vecchi ; 1994).
Les Trucs anti-trac (Marabout ; 1996).
Vers la confiance en vous en huit étapes (Dangles ; 1997).
Le Guide des sciences parallèles (De Vecchi ; 1997).
Le Guide du bénévolat et du volontariat (Marabout ; 1998).
ABC de l'Analyse Transactionnelle (Grancher ; 1999).
La Méthode Coué (De Vecchi ; 1999).
Le Guide de l'animateur efficace (De Vecchi ; 1999).
Émotions : mode d'emploi (Dangles ; 2001).
En finir avec le trac (Dangles ; 2001).

Gilbert Garibal

Émotions : mode d'emploi

Amour, joie, peur, tristesse, colère...

Deuxième édition

Éditions Dangles
18, rue Lavoisier
45800 SAINT-JEAN-DE-BRAYE

L'AUTEUR :

Gilbert Garibal est docteur en philosophie (option psychanalyse), psychosociologue et publicitaire diplômé d'État. Mais, il est avant tout un « homme de contact ».
Très tôt, il a été attiré par l'animation de spectacles, avant de poursuivre son activité dans la vente, et de conduire une carrière dans la communication médico-pharmaceutique, les ressources humaines et la formation en entreprise.

Également initié aux techniques de relaxation en milieu hospitalier, il a une longue expérience des méthodes de développement personnel, issues de la psychanalyse. Il se consacre actuellement à la relation d'aide, au bénévolat associatif et à l'écriture de nombreux ouvrages sur les phénomènes de société.

Ces divers métiers, conduits parallèlement, lui ont permis de constater l'importance pour chacun de nous d'une vie émotionnelle harmonieuse, que les prouesses technologiques modernes, malgré leur incontestable utilité, ont tendance à reléguer au second plan.

Plus que jamais conscient, en ce début de XXIe siècle, que l'homme reste la mesure de toute chose, Gilbert Garibal est heureux de présenter cet ouvrage… qui lui tient à cœur.

ISSN : 0397-4294
ISBN : 2-7033-0516-8

Préface

Je le constate tous les jours en consultation : les émotions et les sentiments sont d'autant plus violemment ressentis – douloureusement vécus même quand ils surgissent – que leurs origines comme leurs mécanismes restent mal connus des intéressés.

À l'évidence, un important besoin d'information existe à ce sujet. Gilbert Garibal y répond en nous proposant d'embarquer à bord de ce livre *Émotions : mode d'emploi,* pour un passionnant voyage dans ce turbulent univers.

Paradoxalement, nous pouvons traverser la vie, en quelque sorte anesthésiés au plan émotif. Pourtant, nos relations affectives à nous-même et aux autres pourraient être si simples, si riches ! Mais, c'est un fait, notre éducation, notre culture, nos croyances freinent souvent notre spontanéité. Elles nous amènent parfois à retenir, voire à cacher nos émotions et nos sentiments. Pis encore, il arrive que nous ne sachions plus ce que nous ressentons intimement !

Je me souviens de ce patient qui, venant de perdre son épouse, me disait : « Pleurer me soulagerait mais je n'y parviens pas ! » Et d'ajouter : « On m'a appris que se laisser aller à la tristesse était une faiblesse, surtout pour un homme ! » Son désespoir ne s'exprimait qu'à travers un cortège de malaises physiques qui amplifiaient son chagrin. Ils cessèrent à la première larme…

Je me souviens aussi – lorsque j'exerçais dans l'enseignement supérieur – de certains de mes élèves, étudiants érudits, brillants en toutes matières, joyeux entre eux, qui se retrouvaient soudain en état d'inhibition avant leurs examens. À tel point que je devais les faire longuement « travailler sur leurs émotions » pour qu'ils les identifient, comprennent du même coup leur mal-être passager, puis retrouvent confiance en eux. Plus banalement, il n'est qu'à songer à la grande difficulté de beaucoup d'entre nous quand il convient de montrer son plaisir devant un compliment ou de dominer sa peur lors d'une situation imprévue.

J'applaudis donc très fort à la publication, en tant que « manuel de vie pratique », du présent ouvrage. Un passionnant voyage, disais-je, d'autant plus que Gilbert Garibal est, en l'occurrence, un guide sûr et avisé. À une maîtrise reconnue de la philosophie, de la psychosociologie, ses itinéraires personnels et professionnels ajoutent une grande expérience de terrain des sciences humaines. Partant, je lui accorde ma plus totale confiance dans son expertise du champ affectif.

Ce livre va permettre à ceux qui le désirent de sortir de leur imbroglio émotionnel, de prendre conscience de la puissance énergétique sous-employée qui est en eux, et aussi d'apprendre à l'utiliser. Pour aller vers un mieux-être et un épanouissement grandissants.

L'auteur a jalonné son cheminement pour le rendre agréable, facile, progressif. Pragmatique, il suggère des pauses de réflexion et d'assimilation afin de mieux aborder chacune des étapes suivantes. Qu'est-ce que l'émotion ? Qu'est-ce que le sentiment ? Qu'est-ce que ces forces en nous ? Elles nous réservent toujours bien des surprises ! Pour ma part, ma formation de graphologue m'a révélé combien l'affectivité était notamment capable de modifier l'écriture, acte que l'on pourrait croire volontaire. C'est un fait, sous l'effet de la peur, de la colère, de la joie, de l'enthousiasme, de la lassitude, il est reconnu que nos signes graphiques se rétrécissent, se durcissent, se dilatent, s'agrandissent, s'amollissent. Émotion, quand tu nous tiens !

D'une manière très précise, très claire, Gilbert Garibal différencie émotions et sentiments, que le langage populaire a tendance à confondre. Cette distinction vous permettra de repérer le bon et mauvais usage que, éventuellement, vous faites des unes et des autres. Elle vous montrera, de plus, que nous avons besoin de stimulations émotionnelles. D'aucuns les recherchent par des voies indirectes ou artificielles, manœuvres toujours dommageables. J'apprécie donc particulièrement les chemins « naturels » que propose l'auteur pour vous permettre de « faire le plein » d'émotions authentiques : entre autres, saine relation à autrui, créativité, amour, spiritualité, don de soi.

Je ne doute pas que ce guide des émotions, véritable mode d'emploi des affects, vous aide à trouver ou retrouver l'enfant – siège même de la sensibilité – qui est en vous. Cet enfant tellement débordant d'énergie et de ressources qu'il ne demande qu'à vous les communiquer… à condition de vous mettre à son écoute !

C'est avec une émotion certaine que j'ai préfacé ce livre. J'espère que ce ne sera pas sans une certaine émotion que, de votre côté, vous en prendrez connaissance. Si, après l'avoir lu, vous vous levez un beau matin, le sourire au cœur, si sans raison apparente, vous sentez l'air plus doux, la lumière plus lumineuse, si le chant des oiseaux vous semble plus près, plus mélodieux… vous saurez que vous êtes arrivé à destination.

Vous entrerez alors avec bonheur au royaume de l'authenticité, de la force vive et de l'harmonie affective.

Michèle Sovier-Sandillon.

Psychologue et psychographologue, Michèle Sovier-Sandillon a d'abord exercé dans la presse écrite et audiovisuelle. Elle s'est ensuite tournée vers les entreprises du secteur privé pour la formation des cadres, et le conseil en développement personnel. Reconnue pour l'efficacité de sa pédagogie, Michèle Sovier-Sandillon a été invitée, après ces expériences, à prendre en charge la formation aux relations humaines des élèves de l'École supérieure de commerce de Reims, puis celle des étudiants de la faculté des sciences de la même ville. Depuis 1995, elle se consacre à la thérapie et à l'écriture, en particulier de contes métaphoriques, publiés dans une collection intitulée « Rêvalités ».

Proposition

Avec cette étude sur les émotions et les sentiments, nous vous proposons un livre « interactif », c'est-à-dire une formule de lecture assortie de vingt exercices.

Construits sur un principe interrogatif, ils sont destinés à vous impliquer dans la suite de thèmes abordés, autour du sujet central.

Ce questionnement vous offrira ainsi la possibilité de faire un point progressif et, en quelque sorte, d'exprimer vos avis à distance, au fil des neuf chapitres. Le dernier exercice vous permettra de formuler vos conclusions générales, directement sur le livre, si vous le souhaitez.

Notre ouvrage est constitué de séquences d'égale longueur que vous pourrez consulter à tout moment comme autant de fiches analytiques, à votre discrétion et dans l'ordre qui vous convient.

Vous trouverez d'ailleurs à la fin du livre nos coordonnées si vous souhaitez concrétiser cet échange.

Introduction

19 HEURES 55. Dans le soir qui tombe sur la ville, la croix verte lumineuse palpite comme un cœur…

Le personnel de la pharmacie procède au rituel quotidien de fermeture. Le dernier client sorti, la jeune apprentie remet en ordre les produits sur les présentoirs, la préparatrice éteint l'ordinateur et range l'ordonnancier dans le tiroir, la pharmacienne sort chèques et billets de la caisse enregistreuse, pour rédiger le bordereau bancaire. Dans la réserve attenante, la préposée au ménage empile les cartons vides à jeter, puis tend machinalement la main vers un bouton électrique…

… Soudain, au moment même où elle va enclencher le dispositif de descente du rideau de fer, un homme cagoulé surgit dans l'officine un revolver tremblant au poing, tandis qu'un second derrière lui, masqué d'un foulard, reste dans l'encadrement de la porte automatique pour la bloquer. « La caisse, vite, on ne vous fera aucun mal si vous ne bougez pas ! » crie le braqueur pressé aux trois femmes, figées dans leur blouse blanche. Il arrache la liasse de billets des mains de la pharmacienne livide et bondit dehors avec son complice. Le hold-up a duré dix secondes !

À l'arrivée de la police, la praticienne, très proche de ses collaboratrices et qui a vite retrouvé ses esprits, exprime sa joie qu'aucun drame ne soit intervenu. Sa préparatrice, elle, est en colère et s'en veut de n'avoir rien pu faire. L'apprentie, bouleversée, pleure à chaudes larmes, affalée sur une chaise. Les policiers retrouvent la femme de ménage encore terrorisée, blottie derrière les cartons…

Ainsi, chacune de ces personnes a sagement obéi à son instinct de conservation, et à sa façon, extériorise son émotion dominante, après cette agression. Parce que vivre, c'est précisément, avant tout, savoir protéger sa vie, donc avoir conscience de soi-même et de son environnement. C'est aussi créer des liens, bons ou parfois mauvais, avec ses congénères. C'est donc réagir au milieu. À cet effet, l'être humain est judicieusement équipé d'un système émotionnel – processus biochimique adapté – déclenchant à la demande peur, colère, tristesse, joie, amour, haine, et leurs corollaires qui fonctionnent tel un véritable « palpeur » ambiant.

Au fil des millénaires – progrès et culture obligent – cet appareil a vu ses fonctions se modifier. Ainsi la peur, précieuse réaction défensive et première des émotions fondamentales, ne se manifeste plus aujourd'hui comme au temps de l'homme des cavernes. Même s'il a gardé son agressivité, l'*Homo modernus,* lui, ne peut plus hérisser ses poils ou montrer de féroces et longues dents pour effrayer ses adversaires ! Et il ne peut plus fuir le danger ou combattre ses adversaires dans les mêmes conditions.

La civilisation a émoussé nos instincts tout en nous apprenant à retenir, modérer ou cacher nos affects. Il est bien entendu fâcheux de s'enfuir de la salle d'examen le jour du baccalauréat et il n'est évidemment pas de bon ton d'insulter, encore moins de mordre l'oreille de son voisin de palier. Comme il est mal vu de manifester bruyamment sa colère au guichet de la perception ou d'avoir une crise de fou rire interminable au cinéma. Et au début du XXIe siècle, la peur étant souvent accompagnée d'anxiété, l'homme de Cro-Magnon resté en nous se bat moins contre les autres à coup de gourdin…, que contre lui – même à coup de tranquillisants.

Au-delà de ces constats caricaturaux, il nous est tout de même possible – si nous en avons le désir – de partir à la reconquête de nos émotions profondes, pour préserver notre santé physique et mentale. En autorisant la spontanéité de l'enfant que nous abritons. En redécouvrant notre corps trop souvent oublié. En « déconditionnant » notre esprit, rigidifié par la socioculture gréco-judéo-chrétienne encore culpabilisante. Et aussi en reconsidérant avec bienveillance notre relation à l'autre, cet autre moi. Il ne s'agit donc pas de maîtriser ces émotions à toute force comme on nous le recommande trop souvent, mais au contraire, de les libérer judicieusement.

Alors, quand l'œil devient regard, quand l'esprit s'ouvre à la réflexion, notre pensée s'éclaire et notre créativité s'éveille. Alors, quand réapparaît l'estime de soi, s'atténue puis cesse la peur de nous-même et de notre semblable. De la sorte, nous sommes prêts à aimer ce dernier et à l'aider. Et notre vie retrouve tout son sens. C'est cette saine vision du monde que nous vous proposons, amie lectrice, ami lecteur, avec le présent ouvrage.

Pour redonner à vos émotions et à vos sentiments, un goût de bonheur !

PREMIERE PARTIE

Émotions et sentiments

CHAPITRE I

L'émotion, c'est quoi ?

« J'ai eu une peur bleue ! », « J'étais morte de honte ! », « Tu es gai comme un pinson, ce matin ! », « Il est triste comme un lendemain de fête ! », « Elle nous a fait une grosse colère ! », « Ce n'est pas de l'amour, c'est de la rage ! ». Les expressions les plus imagées ne manquent pas pour décrire nos diverses émotions et les comportements qu'elles entraînent.

Depuis l'origine de l'homme, elles font partie de notre quotidien, et pourtant, connaissons-nous vraiment ces précieux « outils internes » ?

Le langage populaire les confond volontiers avec les sentiments. La philosophie les rapproche des passions. La psychanalyse les assimile aux pulsions et aux affects. Elles sont aussi une des composantes du « stress », ce phénomène du monde moderne. Bref, les émotions sont au centre de notre vie. Nous vous invitons à partir avec nous à leur découverte.

1. Le corps et l'esprit

a) Un trouble physique

Émotion vient de l'ancien français *motion* – c'est-à-dire « mouvement » –, qui a généré *émouvoir* puis *émeute* et ensuite *émoi.* Littéralement, la personne émue ne se contrôle plus, elle est « hors d'elle-même » (é-motion). Dans cet esprit, le mot désigna d'abord les révoltes populaires, tant rurales qu'urbaines, que connut la France aux XVIe et XVIIe siècles. Celles-ci traduisaient une exaspération motivée par les charges fiscales écrasantes de l'époque. Rien de nouveau en l'an 2000 : notre feuille d'impôts nous donne toujours une forte émotion !

Aujourd'hui, la définition de ce vocable est plus précise, en décrivant le phénomène engendré et en nommant les agents déclencheurs. Les dictionnaires nous disent que l'émotion est « un état de conscience complexe, généralement brusque et momentané, accompagné de troubles physiologiques, causé par un sentiment vif de peur, colère, joie, tristesse, surprise, honte... ».

On le voit, l'émotion est au départ un trouble physique. Par extension, ce trouble désigne aussi une sensation, désagréable ou agréable, considérée sous l'angle affectif. Il est intéressant de remarquer ici que nous ne naissons pas avec un système émotionnel prêt à fonctionner. Le bébé éprouve d'abord des sensations (chaud, froid, lumière, obscurité, bruit, silence), autant de « données premières » d'informations, de constats, qui se transforment peu à peu en émotions, précisément productrices de significations, avec la lente élaboration de la pensée. En quelque sorte, c'est l'impression des sens... qui fait sens.

En grandissant, le petit d'homme apprend à identifier ses émotions, selon le sentiment de sécurité ou de crainte, de plaisir ou de déplaisir, d'attirance ou de rejet qu'il éprouve devant les gens, les animaux, la nature et toutes les choses de la vie. Il apprend vite aussi la valeur de ces affects, en tant que « monnaie d'échange » : n'obtient-il pas de son entourage nourriture, caresses, soins, friandises, en criant ou pleurant, en manifestant son courroux ou sa satisfaction ?

Devenu adulte, il préfère certaines émotions à d'autres, en fonction du « ressenti » qu'elles lui procurent : celui-ci aime avoir peur et adore le « saut à l'élastique » ; celui-là déteste la plaisanterie et ne va voir que des films dramatiques. Tous les goûts sont dans la nature !

Chacun de nous bâtit ainsi progressivement et vit sa personnalité. Éventuellement, nous la « réajustons » en changeant de conduites, dans le cadre de notre caractère comme de notre culture, et en fonction de notre « terrain émotionnel », pétri de subjectivité (jugement des faits) et d'objectivité (réalité des faits).

b) De l'« erectus » au « modernus »

Pourquoi les émotions ? Si nous revenons un instant à notre ancêtre, l'*Homo sapiens* précité en introduction, nous pouvons facilement imaginer sa vie quotidienne : il doit se défendre en permanence contre l'hostilité environnante. Des éléments prompts à se déchaîner. Des animaux sauvages toujours aux aguets. De ses congénères volontiers belliqueux. Son instinct de survie lui commande donc, suivant les circonstances et vite, de fuir ou de combattre.

Son organisme se met sur-le-champ en état d'urgence. L'hypothalamus, véritable chef d'orchestre des glandes endocrines, informe les capsules surrénales, qui sécrètent aussitôt dans le sang deux hormones stimulantes, l'adrénaline et la noradrénaline.

Alerté par un effrayant cri guttural tout proche et mobilisé par sa « peur-signal », notre téméraire choisit de faire face à l'ennemi. Il se transforme soudain : ses battements cardiaques s'accélèrent, sa tension artérielle s'élève, sa glycémie monte, ses cheveux se dressent, ses pupilles se dilatent, ses poumons se gonflent, sa bouche s'agrandit, ses muscles tonifiés se tendent… il est prêt à l'action. Sa vision est décuplée, sa mâchoire béante, sa respiration profonde, son torse bombé. Solidement campé sur ses jambes puissantes, tout son corps velu rafraîchi par une sueur profuse, il brandit rageusement sa hache de pierre à bout de bras…

Que ce braillard de voisin s'approche, s'il ose !

Des milliers et des milliers d'années après notre vaillant prédécesseur, force est de constater que la peur, si elle demeure une émotion préventive essentielle – ne serait-ce que pour traverser la rue –, a perdu beaucoup de ses qualités adaptatives originelles. Aujourd'hui, ce phénomène toujours inscrit en chacun de nous mais avec ses variantes modernes, du trac à l'angoisse, ne favorise plus guère la fuite salutaire devant le danger, au contraire. « Modernus » que nous sommes, nous pouvons être véritablement bouleversés, paralysés, infériorisés, par un événement à nos yeux terrorisant. Qu'il s'agisse de l'irruption d'une couleuvre lors d'une promenade, d'une invitation à donner notre opinion en assemblée ou d'une rencontre amoureuse !

Tremblements, boule dans la gorge, palpitations, jambes de laine, relâchement des sphincters même… Pourquoi cette « débâcle émotive » ? Pour trois raisons au moins, que nous devons largement à la socioculture. Notre imagination, d'abord – richement alimentée par les médias – qui nous incite à envisager le pire *(ce serpent va me tuer !)*. Notre orgueil, ensuite, qui nous fait croire à la nécessité d'être toujours brillant *(je dois m'exprimer parfaitement !)*. Enfin, notre tendance à la surestimation d'autrui *(cette personne m'intimide parce qu'elle lit en moi !)*. Autant de pensées inadaptées, nuisibles à un raisonnement sain.

c) Des agents de liaison

On parle volontiers des peurs mêlées de colère de l'homme préhistorique – nous venons de le faire – dans un monde « épouvantable » – au vrai sens du terme – où il s'est néanmoins adapté… puisque nous sommes là aujourd'hui ! On peut aussi penser que, s'il devait vivre constamment sur ses gardes, il connaissait malgré tout des moments de vrai bonheur. L'intimité partagée avec l'âme sœur, la caresse du soleil sur le seuil de la caverne après une pluie glaciale, ou la dégustation d'une cuisse de bison rôtie au feu de bois ne manquaient pas de lui donner, espérons-le, quelque joie au cœur et au ventre !

Tout comme il devait éprouver surprise et tristesse au fil des jours, devant le corps soudain sans vie de l'un des membres de son clan. Pourquoi mon père, ma mère, sont-ils morts ? Je vais donc mourir aussi ! D'ailleurs, qu'est-ce que la mort ? Et qu'est-ce que la vie ?

Au XXIe siècle, nous n'avons pas encore les réponses à ces questions. Et nous sommes toujours tenaillés par la trilogie interrogative du philosophe : « Qui suis-je ? », « D'où viens-je ? », « Où vais-je ? » Quant à nos émotions, très impliquées dans cet angoissant questionnement… elles ne nous ont pas livré tous leurs secrets !

Si les neurophysiologistes savent maintenant l'essentiel sur la chimie et le mécanisme de ces émotions, ils découvrent avec les psychosociologues qu'elles ont un rôle sur notre comportement beaucoup plus directif qu'ils ne le pensaient. De fait, elles apparaissent comme de précieux « agents de liaison », avec nous-mêmes et avec les autres. D'où l'intérêt d'en bien connaître le fonctionnement dans l'organisme, et l'impact possible. Par exemple, pour offrir la parole sincère et réconfortante qu'il faut, au moment où il faut, à l'adresse de l'ami souffrant. Et, en revanche, pour ne pas avoir le mot de trop qui déclenche la scène de ménage ou compromet votre augmentation de salaire ! Mieux que « maîtriser » ses émotions – ce qui équivaudrait à vouloir les neutraliser –, il s'agit de les comprendre et de les « piloter » vers leur but.

L'éternelle question de l'inné et de l'acquis – « Quelle est en nous la part du "génétique" et celle du "culturel" ? » – ne se pose pas pour les émotions. S'il a réussi à les « policer », l'homme ne les a pas conçues lui-même. Elles lui sont venues, universellement, en héritage, transmises par la lignée des lémuriens, tarsiens, simiens puis hominiens. Il n'est ainsi pas contestable que tous les vertébrés éprouvent des émotions. De votre poisson rouge impatient en manque de daphnies, à votre caniche aux yeux de braise qui vous implore une caresse ! Bref, comme nous le rappellent les éthologues, il n'est pas de société humaine ou animale sans communication, donc sans émotion.

2. Les phénomènes affectifs

a) De l'émotion au sentiment

À la fin du XIXe siècle, Charles Darwin, père de la théorie de l'évolution – et l'un des pionniers de l'éthologie – insistait précisément sur le rôle primordial des émotions et leur fonction « prorelationnelle », chez l'homme et l'animal. À preuve, son livre *L'Expression des émotions chez l'homme et les animaux*[1] est devenu une référence mondiale.

1. Paru en 1872 (traduit en français par Complexes, Bruxelles).

L'auteur admet que la fonction biologique primitive des émotions – notamment peur et colère, à visée autoprotectrice –, si elle existe toujours chez l'homme, s'est fort amoindrie au cours du temps pour se métamorphoser en « fonction sociale », aux effets moins spectaculaires.

Après Darwin, le neurophysiologiste américain W. B. Cannon souligne encore en 1915 la survivance en chacun de nous de cette alternative à laquelle était soumis l'homme des cavernes, avec son concept bien sonnant des « 3F » : « Fright » (peur) = « Fight » (combat) ou « Flight » (fuite). Mais à sa suite, les chercheurs s'accordent à penser que les émotions hyperviolentes, à type d'interagressions permanentes – dans un effroyable climat de survie –, ne sont plus vraiment quotidiennes, en tout cas pour une majorité d'entre nous (même si notre époque moderne, certes, nous expose à nombre de tourments et périls !). Nos réactions sont conséquemment différentes.

Il résulte de notre « socialisation » que nos émotions archaïques « réflexe » – toujours programmées dans notre cerveau reptilien – se déclenchent illico au gré des circonstances mais peuvent disparaître aussi vite qu'elles ont surgi. Ce qui n'empêche pas leur intensité !

En voiture, je suis surpris et apeuré quelques secondes lorsqu'un motard me fait une « queue de poisson ». Devant la grille fermée du métro, je peste contre les grévistes... puis, résigné, je pars à pied vers mon lieu de travail. Le garçon malhabile sur ses « rollers » qui tombe devant moi et se couronne un genou me fait de la peine... et je le console en deux mots. À la télévision, je vois mon équipe de football favorite marquer un but et je lance un cri de joie en applaudissant ! À l'aéroport, je suis heureux d'accueillir ma fille après son stage linguistique en Angleterre et je la serre un long moment dans mes bras.

Autant d'exemples qui montrent le caractère instantané et mesuré des émotions courantes. Toutefois, peur, colère, tristesse sont à même de s'inscrire dans la durée – de quelques jours à plusieurs mois – quand surgissent chômage, maladie, rupture, deuil... Lesdites émotions sont alors relayées par divers sentiments (injustice, faiblesse, révolte...). Il ne faut donc pas confondre « émotion » et « sentiment », comme le fait souvent le langage populaire. Nous distinguerons plus loin ces deux états affectifs.

b) Les bruits de la passion

Au plan des confusions langagières, il est aussi intéressant de remarquer que les émotions peuvent être assimilées aux passions.

Les philosophes anciens définissaient les secondes comme un dérèglement, un emballement soudain de l'âme pour un objet poursuivi, et à leurs yeux, elles constituaient un défaut. Pour Aristote ou Platon, se passionner reviendrait à s'émouvoir sans autocontrôle et partant, à devenir victime d'une affectivité irraisonnée. Ce point de vue peut surprendre aujourd'hui – selon le sens que l'on donne au verbe « passionner » –, mais n'oublions pas que le but de la philosophie antique (qui fait un retour remarqué) est de produire le meilleur mode de vie possible dans l'amour de la sagesse. Un beau programme à suivre !

Un pertinent modèle de communication avec soi et les autres, attribué à Pythagore[2] lui-même, recense d'ailleurs les neuf passions – entendues comme « souffrance » au sens littéral du mot – qui « bruissent » en l'homme et l'agitent. À nous de les transformer en vertus !

Ce modèle s'appelle l'Ennéagramme (du grec *ennea,* neuf, et *gramma,* figure). Il désigne précisément un cercle divisé en neuf parties égales. Celles-ci forment des angles sur lesquels sont positionnées les neuf passions qui nous régissent avec les liaisons ou interactions existant entre elles et par différence, les neuf qualités à atteindre (voir schéma ci-après).

Ces neuf tendances basiques, ou « compulsions », sont :

- 1. La colère.
- 2. L'orgueil.
- 3. Le mensonge.
- 4. L'envie.
- 5. L'avarice.
- 6. La peur.
- 7. La gourmandise.
- 8. L'excès (ou la luxure).
- 9. La paresse.

2. Relancé vers 1920 en Europe par le philosophe caucasien Georges Ivanovitch Gurdjieff et introduit en 1960 au Chili puis aux États-Unis par le psychologue Oscar Ichazo.

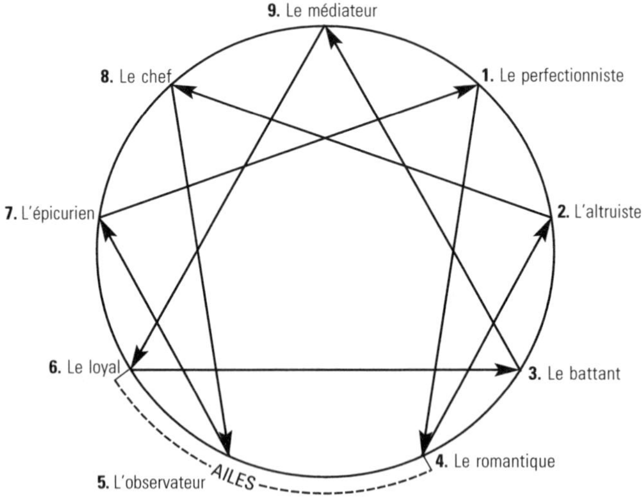

L'Ennéagramme :
les neuf types de personnalité

Numéros : ils désignent la caractéristique dominante de chaque type.
Flèches : elles indiquent les liaisons existantes entre les types, c'est-à-dire l'influence que chacun impose à l'un d'eux et celle qu'il reçoit d'un autre.
Ailes : elles sont constituées par les ascendants de gauche et droite de chaque type sur le diagramme.

Autant de « mauvaises habitudes » qui seraient en réalité des mécanismes de défense (individuels et pas forcément bien adaptés) mis en place dans l'enfance pour nous protéger du milieu ambiant.

Autant de défauts à perdre pour tendre vers les vertus correspondantes :

- 1. La sérénité.
- 2. L'humilité.
- 3. La vérité.
- 4. Le détachement.
- 5. Le désintéressement.
- 6. Le courage.
- 7. La sobriété.
- 8. La modération.
- 9. L'effort.

Chacun de nous, selon son caractère, privilégie très tôt l'une de ces tendances puis réalise un couplage « passion-vertu » – qui dégage une force (à l'image de l'énergie dégagée par les pôles négatif et

Caractéristiques émotionnelles des neuf types de personnalité						
	Peur dominante	**Compulsion**	**Qualités**	**Défauts**	**Désirs**	**Émotions et sentiments**
Le perfectionniste	Commettre une erreur, une faute.	Colère.	Intègre, travailleur, synthétique, raisonnable, responsable, ordonné, discipliné.	Trop dogmatique et rigoriste, très critique, obsessionnel, anxieux, jaloux.	Acceptation de l'humour des autres, droit de se tromper, sérénité.	Grande tension intérieure, agacement, rancune, respect.
L'altruiste	Ne pas être aimé, reconnu, apprécié.	Orgueil.	Sensibilité, écoute, facilité de contact, générosité, intuition, humour, service.	Orgueil, désir de domination, possessivité, tendance à la séduction.	Estime de soi, patience, apprendre à dire non, savoir rester seul.	Amour, amitié, compassion, désir du plaisir de l'autre.
Le battant	Ne pas être le premier, échouer.	Mensonge.	Dynamisme, optimisme, efficacité, désir de réussite, jovialité, entrain, fierté.	Égocentrisme, impatience, en suractivité permanente, mauvaise foi.	Apprendre à déléguer, savoir ne rien faire, être naturel, calme, tolérant.	Refoulement ou passage au second plan de l'affectivité.
Le romantique	Être abandonné.	Envie.	Amour, chaleur humaine, esthétique, créativité, humour, originalité, passion.	Jalousie, versatilité, susceptibilité, avidité, exigence, culpabilité, découragement.	Contentement de soi, sagesse, confiance, acceptation de la critique.	Forte émotivité avec joie, colère, tristesse, crainte intense.
L'observateur	Être débordé, envahi par les autres.	Avarice.	Analyse, objectivité, profondeur, réflexion, indépendance, intégrité, sang-froid.	Lenteur, en défense, difficulté d'expression, effacement, rumination, méfiance.	Prise de décision, confiance en soi, acceptation des autres, de l'imprévu.	Difficultés à exprimer son ressenti, plaisir dans la solitude.
Le loyal	Être trompé, trahi.	Peur.	Intelligence, esprit, vivacité, courage, responsabilité, fidélité, compassion.	Méfiance, suffisance, imagination négative, violence, activité dans l'urgence.	Confiance en soi, ponctualité, calme, tolérance, plaisir de l'instant.	Anxiété, souci, attente du danger, manie de l'urgence.
L'épicurien	Être contraint, bloqué, enfermé.	Gourmandise.	Goût du plaisir et de l'aventure, spontanéité, franchise, jovialité, convivialité.	Dispersion, activités non terminées, irrationalité, refus des contrats, infidélité.	Sobriété, patience, écoute, finition des tâches, respect de la parole donnée.	Grand amour de soi, affectivité éparpillée, ennui rapide.
Le chef	Montrer des faiblesses, apparaître diminué.	Excès, luxure.	Puissance, énergie, sens du commandement, goût de l'action, du résultat.	Excessivité, besoin du pouvoir, arrogance, agressivité, intransigeance.	Indulgence, modération, respect des règles et de l'autre, tolérance.	Instinctivité, colère forte et passagère, ressenti d'injustice.
Le médiateur	Être jugé, pris dans un conflit.	Paresse.	Recherche de la conciliation, de l'harmonie, du compromis, de la temporisation.	Difficulté à dire non, à se battre, entêtement, effacement, trop accommodant.	Prise de position, concentration, affirmation de soi, discipline, rigueur.	Sensibilité, identification aux autres, désir de quiétude.

positif d'une batterie électrique). Il aboutit à une « dominante » qui permet de désigner neuf types de personnalités :

- 1. Le perfectionniste.
- 2. L'altruiste.
- 3. Le battant.
- 4. Le romantique.
- 5. L'observateur.
- 6. Le loyal.
- 7. L'épicurien.
- 8. Le chef.
- 9. Le médiateur.

Avec cette approche tout à fait originale, vous pouvez déjà pressentir à quel type vous appartenez. « Connais-toi même ! » dit Socrate. Pour approfondir la méthode, nous vous renvoyons aux livres sur l'Ennéagramme de René de Lassus[3] et de Éric Salmon[4].

Selon le système de l'Ennéagramme, les neuf types de personnalité éprouvent chacun une peur particulière, qui prédomine les autres émotions et sentiments. Vous trouverez, page précédente, un tableau synoptique pour vous aider à identifier votre propre type. Nous répétons qu'il s'agit de tendances et comme telles, elles sont susceptibles de variations d'un individu à l'autre, et aussi de changement. Bien entendu, les données de l'Ennéagramme (à ne pas confondre avec celles de l'astrologie), qui visent essentiellement à aider à la connaissance de soi et des autres comme à perdre ses mauvaises habitudes, n'ont pas de valeur scientifique ni de prétention à la vérité absolue.

c) Des pulsions aux affects

Si la philosophie grecque ancienne juge lesdites passions comme des *défauts,* il convient de remarquer que, pour sa part, la religion les qualifie de *péchés* depuis la même époque. Ce qui, sans offenser les croyances individuelles, est tout à fait discutable, dommageable même. La colère et la peur, notamment, qui avant d'être des « tendances » et des « fautes » sont de pures émotions – donc des outils – peuvent être régulatrices et salvatrices en maintes circonstances ! Quant à la passion, n'oublions pas qu'au sens moderne du terme, elle est aussi un état affectif d'une forte puissance, qui sur une trame émotive

3. *L'Ennéagramme* (Marabout ; 1997).

4. *ABC de l'Ennéagramme : reconnaître les différentes forces qui nous animent* (Grancher ; 1997).

permet la création, des plus beaux élans humains vers autrui aux plus grandes réalisations artistiques. Prenons garde aux contresens du langage ! À l'occasion de notre promenade à travers les « sciences humaines », il n'est pas inutile d'aller musarder quelques instants du côté de la psychanalyse, cette turbulente fille de la psychologie.

Observateur à ses débuts des comportements animaux et donc en quelque sorte éthologue lui-même (ne s'est-il intéressé comme biologiste au système reproductif des anguilles ?), Sigmund Freud n'a jamais vraiment pris en compte les émotions en tant que telles. Il les assimile aux pulsions produites par l'inconscient, objet central de son œuvre. Pour lui, ces pulsions sont les tendances inconscientes qui font agir l'individu. Elles produisent des affects, réactions affectives élémentaires engendrées par le refoulement de représentations mentales. Un vieux conflit non réglé avec son père peut générer haine, honte, remords. Un amour ancien interdit est à même de sécréter culpabilité mais aussi… ravissement, bien-être, plénitude. Autant d'affects au sens freudien qui peuvent se transformer respectivement en sensation d'angoisse… ou de bonheur. L'émotion apparaît à Freud tel un « sous-produit » !

À sa décharge, on peut dire que l'objectif majeur de la cure psychanalytique étant de faire venir au jour par la verbalisation de l'analysant les causes de ses traumatismes passés, il est logique que les effets – évacués avec – aient beaucoup moins d'importance pour l'analyste. Le « cortège émotionnel », en soi symptôme-témoin de la reviviscence événementielle, à type de pleurs, rires, courroux ou anxiété, n'est ici, sur le divan où est allongé le patient, que l'écume du bouillon. Précisément de cette « soupe » de pulsions et de désirs, qui boue sans cesse dans le grand chaudron du « Ça » (ou « inconscient »), l'un des trois lieux psychiques virtuels (avec le Moi et le Surmoi).

Le père de la psychanalyse, centré sur l'« autrefois et ailleurs » de ses patients, a néanmoins bien dû accueillir et gérer leur « ici et maintenant » quand s'est manifesté le phénomène du transfert (projection sur l'analyste de leur ressenti), indispensable au succès de toute cure. On ne se débarrasse pas aussi facilement des émotions !

3. Le stress

a) La pression sociale

Si le concepteur de la psychanalyse revenait aujourd'hui, il pourrait constater que l'« appareil psychique » de chacun de nous est soumis à rude épreuve ! Dans ce monde turbulent qui s'ouvre au XXIe siècle, jamais la vie n'a été aussi contradictoire, donc anxiogène : d'un côté, elle est chaque jour plus facile et confortable grâce à la technologie triomphante ; de l'autre, ce progrès fulgurant accélère inutilement la marche de la société humaine, en laissant sur le bord de la route des millions d'individus traumatisés, privés d'emploi, de revenu, d'habitat.

Cette fuite en avant qui offre en même temps plaisir et déplaisir nous contraint à des refoulements que l'inconscient – dans son chaudron bouillonnant – contient mal. Notre « Ça » déborde d'agressivité rentrée et de frustrations (aujourd'hui, qui peut dire son fait à un patron trop exigeant ?). Notre « Surmoi », dépositaire des valeurs éducatives, est choqué par le laxisme ambiant (la loi du plus fort ne supplante-t-elle pas souvent la loi morale ?). Et notre « Moi », chargé d'exposer notre personne aux réalités extérieures, est sur la défensive dans un milieu hostile fait de conflits et de violences (où, comment vivre paisiblement, à qui faire confiance ?). « L'enfer, c'est les autres ! » dit Jean-Paul Sartre.

Nous pourrions être taxés d'exagération et de pessimisme avec cette présentation de notre « état d'esprit » si les faits n'imposaient pas en même temps un constat : la France est actuellement le premier consommateur de tranquillisants de la planète !

Pourquoi cette ruée vers la pharmacopée ? Parce qu'un nombre de plus en plus important d'entre nous a du mal à supporter la pression sociale, c'est-à-dire la forme d'existence communautaire – largement constituée de rapports de force – que nous nous sommes créée !

Cette contrainte et la réaction de la personne à cette contrainte ont été analysées et perçues comme un phénomène particulier qui a reçu un nom dès 1936 : le stress. Son découvreur est un médecin canadien, Hans Selye, qui a méticuleusement observé les altérations subies par l'organisme exposé à des « agents stresseurs ». Que ceux-ci soient physiques (exemple : froid, chaleur, traumatismes, hémorragies, infections…) ou psychiques (exemple : ébranlements nerveux, pertes diverses, difficultés relationnelles, problèmes professionnels, soucis financiers…).

Au début de l'ère industrielle, le mot anglais *stress* caractérisait le degré de résistance d'un métal, c'est-à-dire sa réaction aux transformations qui lui étaient imposées. Le vocable a été repris métaphoriquement par Selye, pour désigner l'ensemble des modifications qui surviennent dans un organisme à la suite d'un choc. Le stress peut donc se définir comme la réponse de cet organisme aux événements.

b) Une tension naturelle

Le choc susdit, générateur du stress, peut avoir pour origine une maladie ou un événement, que celui-ci soit d'ailleurs heureux ou malheureux, ainsi que l'a constaté Hans Selye. En effet, il y a le bon et le mauvais stress, comme il y a le bon et le mauvais cholestérol ! Un bonheur soudain, une grande surprise (supposons la rencontre fortuite d'un amour de jeunesse ou l'héritage des biens d'un parent inconnu !) engendrent les mêmes effets qu'une triste nouvelle ou un échec (par exemple, la mort accidentelle d'un ami ou un divorce pénible). À noter que, introduit dans le vocabulaire courant, le mot « stress » a vu son sens s'élargir : il nomme maintenant à la fois l'agent causal et la réaction physiologique, psychologique et comportementale du sujet.

Que se passe-t-il lorsque survient un stress dans votre vie ?

Vous avez peu d'estime pour l'une de vos collègues de bureau qui est prétentieuse, désagréable au possible et incompétente de surcroît. Vous apprenez un matin par le directeur général – dont elle est la petite amie – qu'elle devient votre chef direct ! Vous êtes littéralement sidéré(e)… D'entrée, elle vous surcharge de dossiers à traiter, pratique l'abus de pouvoir en exigeant votre présence tôt le matin ou tard le soir et montre une mauvaise foi constante en vous accusant de ses propres erreurs ! Vous sentez monter en vous une sourde colère mêlée d'une forte anxiété… Il ne faut pas plus d'une semaine pour que les humiliations répétées de cette mégère vous mettent « sous stress ». Vos systèmes nerveux et endocrinien alertés déversent dans votre sang les hormones dites « d'adaptation », particulièrement adrénaline et cortisone. Vous êtes disposé(e) à faire front. Puis dans le courant de la deuxième semaine apparaissent énervements, pleurs, migraines, insomnies, douleurs gastriques, etc. Après trois semaines de ce régime agressions/symptômes, vous sentez que vous perdez votre énergie et votre confiance en vous… L'afflux de microtraumatismes physiques et psychiques a dépassé le seuil de tolérance de votre organisme ! Au bout d'un mois, épuisé(e), vous consultez votre médecin et, dans un sursaut vital, vous demandez à la direction votre mutation…

Nous sommes bien ici en plein drame émotionnel et il est compréhensible que vous ayez cherché votre salut dans la fuite, qui pourtant, n'est pas toujours la bonne voie. En effet, le stress, c'est-à-dire une tension naturelle, nous est nécessaire pour vivre et réguler nos rapports avec l'autre, cet « autre moi » qui a lui aussi besoin de sa dose de stress. En l'occurrence, un dialogue précoce était bien entendu nécessaire pour approcher le problème et, peut-être, le solutionner moins radicalement. Nous reviendrons un peu plus loin sur le stress et sa bonne gestion.

EXERCICE N° 1

Contrôlez votre niveau de stress

Voici l'échelle de stress de référence mise au point en 1967 par les statisticiens américains Holmes et Rahe. Elle est toujours d'actualité. Pointez les événements ci-contre que vous avez vécus depuis un an. Totalisez les points correspondants.

Au-dessus de 150 points, votre niveau de stress est élevé.

Si vous dépassez 300 points, prenez garde, vous êtes en situation de risques. Examinez très sérieusement tous les facteurs en cause.

Contrôlez votre niveau de stress		
Événements	**Points**	**Vos résultats**[1]
Mort du conjoint	100	....
Divorce	73	....
Séparation des époux	65	....
Période de prison	63	....
Mort d'un parent proche	63	....
Blessure corporelle ou maladie	53	....
Mariage	50	....
Licenciement	47	....
Réconciliation entre époux	45	....
Départ en retraite	45	....
Altération de la santé d'un parent proche	44	....
Grossesse	40	....
Difficultés sexuelles	39	....
Nouveau membre dans la famille	39	....
Changement des méthodes du travail	39	....
Changement au plan financier	38	....
Mort d'un ami proche	37	....
Changement de situation professionnelle	36	....
Modification des relations conjugales	35	....
Hypothèque de plus de 300 000 F	31	....
Saisie sur hypothèque ou prêt	30	....
Modification des responsabilités professionnelles	29	....
Départ d'un enfant du foyer	29	....
Difficultés avec la belle-famille	29	....
Réussite ou gains exceptionnels	28	....
Conjoint débutant ou cessant une activité professionnelle	26	....
Commencement ou fin d'études	26	....
Changement des conditions de vie (habitat, voisinage)	25	....
Modification des habitudes quotidiennes, du train de vie	24	....
Difficultés avec la hiérarchie professionnelle	23	....
Nouveaux horaires de travail	20	....
Déménagement	20	....
Changement d'école ou d'université	20	....
Modification des loisirs (davantage ou moins, nouveau sport)	19	....
Modification des activités religieuses	19	....
Modification des activités sociales ou associatives	18	....
Hypothèque de moins de 300 000 F	17	....
Réduction du temps de sommeil	16	....
Changement de la fréquence des réunions familiales	15	....
Modification des habitudes alimentaires	15	....
Modification des vacances (lieu, période, durée, etc.)	13	....
Nouveau cadre des fêtes de fin d'année	12	....
Contraventions	11	....
Votre total		....

(1) Multipliez les points par le nombre d'événements répétés. Exemple : deux décès de parents proches = 63 x 2 = 126 points.

En bref

- L'émotion est un état de conscience généralement brusque et momentané, accompagné de manifestations physiologiques. Elle est un précieux «agent de liaison» avec nous-même et les autres.

- La peur, première de nos émotions de base, a perdu beaucoup de ses qualités adaptatives originelles. Sous forme d'anxiété, elle peut être aujourd'hui paralysante. Elle est souvent renforcée par l'imagination, elle-même enrichie par la socioculture.

- Mieux que «maîtriser» ses émotions, il s'agit d'abord de les comprendre, puis de les piloter vers leur but.

- Il ne faut pas confondre émotion (trouble physique) et sentiment (disposition d'esprit).

- Les passions, perçues comme un emballement de l'âme, constituaient un défaut pour les philosophes antiques, car elles pouvaient précisément provoquer des désordres émotionnels. Au sens moderne et positif du terme, la passion, correspondant à un intérêt particulier pour une chose ou à une réalisation dans l'enthousiasme d'un être ému, est d'évidence une qualité.

- Les émotions sont régulatrices et salvatrices en maintes circonstances.

- La psychanalyse considère les émotions comme la manifestation secondaire d'un processus. Elle prend davantage en compte les pulsions produites par l'inconscient. Celles-ci engendrent des affects, réactions élémentaires agréables ou désagréables, qui se convertissent ensuite en émotions.

- Depuis l'avènement de l'ère industrielle, l'appareil psychique de nombreux individus peine à supporter la pression sociale.

Résultat : au début du XXIe siècle, la France est le premier consommateur de tranquillisants de la planète.

➢ En 1936, un médecin canadien découvre le phénomène du «stress». Il désigne ainsi l'ensemble des modifications qui surviennent dans un organisme à la suite d'un choc physique ou psychique, heureux ou malheureux (exemple : anxiété, insomnie, migraines, douleurs gastriques...).

➢ Il existe le mauvais stress *(destress)* et le bon stress *(eustress)*, respectivement provoqués par des événements néfastes ou bénéfiques.

➢ Le stress peut donc se définir comme la réponse de l'organisme aux événements. Son sens s'est élargi : il nomme aujourd'hui à la fois l'agent causal et la réaction physiologique, psychologique et comportementale du sujet.

➢ Le stress est en soi une tension naturelle. Celle-ci, à condition qu'elle intervienne sans excès, nous est nécessaire pour vivre harmonieusement et échanger avec l'autre.

Notes personnelles :

....

....

....

....

....

....

....

....

....

....

CHAPITRE II

La gamme émotionnelle

En raison de leur implication dans le système hormonal, les émotions ont été longtemps considérées comme des « agents chimiques » internes propres à l'être humain.

À la lumière de la science moderne, il apparaît de plus en plus qu'elles ont un rôle externe affirmé, en s'imposant judicieusement comme des « médiateurs » entre nous et le monde. De fait, la peur, la colère, la tristesse, la joie, l'amour constituent la trame même du lien social qui nous rattache aux autres.

Toutefois, ces émotions ne fonctionnent pas, telles des mécaniques bien huilées : elles sont à même de connaître des ratés ! Surgissent alors, dans le registre de la peur, des états pénibles qui ont pour nom : stress – précédemment évoqué – anxiété, angoisse, phobies, trac.

La pharmacopée est précieuse pour les soigner. Ils peuvent aussi être traités par diverses techniques très efficaces.

Nous vous les présentons dans ce chapitre.

1. Les émotions en action

a) Des piles électriques

Nous le savons, nos émotions sont toujours « activées » par un événement déclenchant. Leur irruption est en quelque sorte comparable au déclic du flash d'un appareil photographique qui émet une lumière vive et brève pour éclairer un sujet. À sa façon, l'émotion analyse, « éclaire » aussi une situation, et qui dit éclairage dit énergie.

Tel l'accu dudit appareil, une émotion est une réserve énergétique qui n'est à même d'assurer sa fonction que chargée et sous tension. L'expression de l'émotion vide la réserve qui se recharge ensuite après un temps normal de repos. Le « flash émotionnel » peut se déclencher de nouveau, avec une batterie pleine, en une autre circonstance.

Dans son livre très complet *Faire face aux stress de la vie quotidienne*[1], le psychosociologue Dominique Chalvin définit judicieusement le mécanisme des émotions en quatre temps : charge, tension, décharge, relaxation. Il ne manque d'ailleurs pas de souligner que la tension non suivie de décharge peut être source de maladies. Pour prolonger notre métaphore, et paraphraser un célèbre slogan publicitaire, nous dirons, pour notre part, que les émotions sont comme les piles électriques : « Elles ne s'usent que si l'on ne s'en sert pas ! »

b) La peur

L'identification des émotions prête à discussion. Les physiologistes s'accordent généralement pour dire que, au sens hormonal du terme, il y a quatre émotions de base : la peur, première de toutes, la colère, la tristesse, la joie. Pour certains, une cinquième s'impose, l'amour. Par facilité, nous retiendrons ce quinté dans le cadre de notre étude.

Il existe néanmoins des émotions à ne pas négliger résultant, si l'on peut dire, de cocktails affectifs comme l'intérêt, la surprise, l'embarras, le dégoût, la jalousie, le mépris (proche de la haine), la

1. ESF ; 1982.

détresse, la honte, la culpabilité. Ce qui porterait à une bonne douzaine d'éléments notre capital émotionnel, sachant que les sentiments – examinés plus loin – sont des ressentis dérivés.

La peur qui met l'organisme en état d'alerte (et imprègne plus ou moins les autres émotions) – est une « émotion rentrée » par définition. On s'en libérait autrefois dans l'affrontement ou la fuite. Nous la retenons trop souvent en nous aujourd'hui et les toxines qu'elle sécrète dans notre sang nous empoisonnent littéralement la vie. L'évacuer est essentiel !

EXERCICE N° 2

La peur

➠ Peut-être avez-vous été témoin ou victime d'une agression. Quelle a été votre réaction? Quel ressenti rétroactif gardez-vous de cet événement?

➠ N'hésitez pas à décrire cette peur à votre entourage pour vous en décharger. Imaginez à nouveau la scène, avec une fin libératrice à votre avantage.

---

c) La colère

Alors que la peur est un signal d'alarme, la colère, elle, est un moyen de réaction et de défense. Souvent « imbibée » de peur, notre colère peut aussi chercher à projeter cette peur sur l'autre : je hausse le ton et les sourcils pour impressionner le garagiste dont je conteste la facture ! Plus couramment, elle est un instrument relationnel pour signifier sur-le-champ notre mécontentement ou désaccord sur un sujet, imposer une idée ou stopper un processus non apprécié, reprocher ou obtenir quelque chose. Appropriée, la colère soulage et est bienfaisante.

Physiologiquement, la colère part du ventre, monte dans notre estomac, notre colonne vertébrale, nos poumons et nos muscles supérieurs, pour s'extérioriser par la voix et les gestes. Si elle est bloquée en route, elle s'exprime à l'intérieur par des douleurs psychosomatiques : colites, lombalgies, migraines… que l'on décrit au médecin. Car nommer le symptôme, c'est déjà tenter de l'expulser (« J'en ai mal au ventre ! », « J'en ai plein le dos ! », « J'en ai ras le bol ! », etc.).

Exercice n° 3

La colère

➠ À quand remonte votre dernière colère ? Quelle est la fréquence de vos colères ? À quel propos vous mettez-vous le plus facilement en colère ? Dans quel but ?

➠ Pensez-vous que vos colères soient toujours justifiées ? Comment vous sentez-vous après une vraie colère ? Si vous en conservez une « vieille », libérez-vous !

d) La tristesse

Les émotions sont des « médiateurs » entre nous et le monde. La tristesse est en soi un écran protecteur, un bouclier occasionnel que notre organisme utilise lors d'événements pénibles. Pour sa part, la tristesse se traduit par une humeur maussade passagère, voire une douleur morale, un chagrin, qui nous isole provisoirement.

Au plan physiologique, la tristesse produit des larmes – contenant des toxines – dont l'écoulement allège notre tension corporelle et mentale. Les retenir, comme on dit, « ravaler ses larmes », accroît à l'évidence cette tension.

Dans le train qui démarre et m'emporte vers une nouvelle ville pour mon travail, je ne peux m'empêcher de pleurer sur cette page personnelle qui se tourne. Notre vie est ainsi faite d'éloignements, de séparations, de deuils, et bien que la « perte » soit un phénomène humain naturel, nous ne nous y habituons jamais tout à fait.

La tristesse est cette passerelle qui nous permet d'atteindre un autre temps et d'effectuer ce que l'on appelle précisément un « travail de deuil ».

EXERCICE N° 4

La tristesse

➠ Pleurez-vous facilement ou, au contraire, avez-vous tendance à ne pas montrer vos émotions? Confiez-vous vos états d'âme ou les gardez-vous secrets?

➠ Quand avez-vous pleuré pour la dernière fois? Retenez-vous vos larmes au cinéma ou à la télévision? Si oui, visionnez «Titanic»... et laissez-vous enfin aller!

e) La joie

Nous venons de le constater, nos émotions peur, colère et tristesse – qui peuvent s'interpénétrer et se renforcer l'une l'autre – ne sont vraiment opérationnelles que si leur cheminement, de la formation à l'évacuation, suit un cours normal, sans obstacles.

Il en est de même pour la joie. Il est évident que celle-ci, faite d'une sensation de jubilation et de bonheur, de complétude aussi, ne peut se manifester pleinement que si elle n'est pas réprimée et si, bien entendu, les trois émotions précitées... ne sont pas de service!

Pour faire image, nous dirons que la joie est une onde bénéfique qui envahit le corps et l'esprit. La science nous dit de son côté qu'elle favorise la sécrétion d'hormones euphorisantes (endorphines) qui accentuent encore notre bien-être. Je tremble en décachetant la lettre de l'employeur qui m'a reçu pour un entretien d'embauche... et j'exulte en lisant que ma candidature est retenue! Comme la joie n'est vraiment savoureuse que partagée, nous sablons illico le champagne en famille!

EXERCICE N° 5

La joie

➠ Quelle est votre définition de la joie? Quand avez-vous éprouvé votre dernière joie? À quelle occasion? Qu'avez-vous ressenti? Êtes-vous joyeux de nature?

➠ Comment partagez-vous vos moments heureux? Sachant que la joie est indispensable, riez-vous régulièrement? Quels sont vos projets en matière festive?

---

f) L'amour

Il y a diverses façons d'aimer et de multiples formes d'amour : nous les verrons en détail dans la dernière partie de l'ouvrage. Dans le cadre de cette présentation des émotions basiques, nous voulons aborder ici l'amour en général (nous parlerons plus loin de la haine, son antonyme).

Il est curieux que l'unanimité des physiologistes ne se fasse pas sur l'amour en tant qu'émotion. Qu'est-ce d'autre qu'une émotion, très vive même, cet état affectif qu'a la chance d'éprouver l'être humain? Certes, il n'existe pas de centre de l'amour dans le cerveau, comme il y existe le centre de la parole ou de la toux, ce qui ne nous empêche pourtant pas d'avoir – avant même toute attirance sexuelle – des élans répétitifs pour nos semblables, de l'estime à la générosité, de l'affection à la tendresse. Comme nous pouvons éprouver un attachement pour nos frères animaux. Comme nous sommes à même de ressentir un intérêt particulier pour les créations humaines ou les choses de la nature. Autant de possibilités de nous émouvoir et d'exalter notre joie de vivre.

Exercice n° 6

L'amour

➠ Quelle est votre définition de l'amour? Ressentez-vous personnellement cet état affectif comme une émotion, au sens où nous l'avons définie?

➠ L'amour du bien, du beau, du vrai, en tant que valeur positive pour les philosophes anciens, vous interpelle-t-il? Dans l'affirmative, de quelle manière?

---

2. La gestion des peurs modernes

a) L'anxiété, l'angoisse

Sieur Cro-Magnon et madame avaient des raisons objectives d'éprouver la peur, par exemple en rencontrant un ours menaçant devant leur caverne ! Et cette « émotion mère » leur était précisément utile, sinon essentielle, pour se préserver de tous les dangers de la nature.

Quand beaucoup plus tard il a mieux compris son environnement et fait de lui-même un objet d'étude, l'homme a découvert que, à partir de cette peur ancestrale inscrite en lui, il pouvait par réflexe mettre en place d'autres « systèmes de parade ». À la fois autoprotecteurs et oppositifs à visée sociale, en l'occurrence les compulsions précitées (revoir la séquence sur l'astucieux « Ennéagramme », p. 23).

Il faut attendre Freud et son génial concept pour constater que, de fait, notre appareil psychique possède une batterie de « mécanismes de défense » innés, à effet de refoulement des tensions dans l'inconscient, lorsqu'elles ne sont pas normalement déchargées par le biais des émotions de base [2]. Si ces mécanismes de défense n'assurent plus correctement leur tâche de stockage/déstockage (par le rêve, entre autres) surgissent des émotions douloureuses, dégoût, honte, culpabilité assortie d'un obscur pressentiment de danger. Et s'installe alors l'anxiété – état d'attente pénible et diffuse d'une difficulté, d'un malheur même – que nous qualifierons d'« avatar » du fonctionnement émotionnel.

Il est aussi question d'angoisse pour désigner cette « peur sans objet ». Au vrai, les deux termes ont une origine commune, *angh,* racine indo-européenne à traduire par « serrer, comprimer ». Latinisée, elle a donné *angustus* « serrement, striction », *anxius* puis *ansio* en italien « impatience ». En France, les deux mots sont en principe différenciés par la signification d'une peur essentiellement mentale pour l'anxiété, et accompagnée de désordres physiques pour l'angoisse (notamment douleurs thoraciques, gastriques, abdominales, musculaires, etc.).

---

2. Lire, de Daniel Lagache : *La Psychanalyse* (coll. « Que Sais-je ? », PUF ; 1976).

Comment faire disparaître cette impression de danger imminent qui provoque un désarroi si profond chez tant de personnes ? Les millions de comprimés de tranquillisants vendus chaque année ne sont certes pas la meilleure réponse à ce mal-être, même si leur utilisation temporaire – sur prescription et surveillance médicale – reste précieuse.

Psychothérapie (praticien et patient face à face) et cure psychanalytique (patient allongé sur un divan) ont montré qu'elles faisaient aussi bien que les « pilules du bonheur ». Tout simplement, parce que la parole libère. Ainsi, quand l'anxiété est légère, l'écoute patiente et sincère d'un(e) ami(e) peut suffire à apaiser un inquiet.

b) Les phobies

Il est reproché avec raison aux tranquillisants de n'agir que sur les conséquences des désordres émotionnels et d'entraîner des effets secondaires (atteinte de la vigilance et de la mémoire, accoutumance, notamment). Donc, à consommer avec modération !

Alors que faire, en cas d'anxiété modérée mais gênante, lorsqu'on veut éviter le piège du calmant chimique ? Ou quand on n'a pas une oreille attentive… sous la main ? Le problème posé nous amène à distinguer l'anxiété (peur sans objet) de la phobie (peur d'un objet ou d'une situation).

La première, cette angoisse existentielle chère à Sartre, est en bonne place dans la grande famille des peurs, même en tant qu'« émotion manquée ». De la crainte à la frayeur, de l'inquiétude à l'épouvante, de l'appréhension à la panique, les mots ne manquent pas pour décrire les multiples états d'alarme susceptibles de nous perturber. L'argot lui-même dispose d'un vocabulaire fleuri pour décrire le phénomène de la « trouille » à la « pétoche », des « chocottes » aux « jetons ».

Comme toute peur, l'anxiété procède de trois phases successives qui forment un cercle vicieux : elle est d'abord pensée (enregistrement de l'information par le cerveau), ensuite ressentie (réception par le corps) puis opérante (adoption d'une conduite conséquente). On le devine, la phase mentale joue un rôle essentiel jusqu'à, pour sa part, « en faire trop », le plus souvent. Devant cette peur non motivée, l'imagination – que nous avons évoquée et dont nous reparlerons encore – veut précisément se charger de trouver des raisons et des réponses à cette attente craintive, et pourquoi pas, d'échafauder des scénarios catastrophe ! *Je sens qu'il va m'arriver quelque chose ! Pourquoi suis-je si oppressé depuis quelque temps ? Et pourquoi ça me tortille dans le ventre ? Et si je faisais un infarctus ? Ou un cancer de l'intestin ? J'ai peut-être les deux ! Je suis sûr que mon médecin ne veut rien me dire !*

Ce sont bien sûr les examens médicaux négatifs qui stopperont le processus du scénario enclenché et mon anxiété... si je ne cherche pas d'autres motifs pour l'entretenir, à l'image des hypocondriaques.

La seconde peur qui peut nous affecter est la phobie. Alors que l'anxiété est une crainte indéfinie, la phobie, elle, s'appuie sur du concret. Les phobiques sont parfaitement conscients du caractère irraisonné de leur peur, mais eux au moins savent de quoi et pourquoi ils ont peur !

Qu'ils soient agoraphobes (peur de certains lieux, places publiques, grandes surfaces, salles de spectacles, par exemple) ou claustrophobes (peur d'être bloqué, dans un ascenseur, un avion, le métro...). Qu'ils redoutent certains animaux (chiens, souris, araignées...).

Peut-on se guérir d'une phobie ?

La réponse est oui, à condition d'accepter de s'habituer progressivement à la situation phobogène.

EXERCICE N° 7

Gérez vos peurs

Nous venons de voir que l'anxiété affecte trois circuits :

- Le circuit mental : la **peur pensée.**
- Le circuit viscéral : la **peur ressentie.**
- Le circuit comportemental : la **peur opérante.**

➠ Vous êtes anxieux, angoissé, phobique ? Vous vous sentez stressé ? Nous vous proposons ci-après une visite de vos peurs, au niveau même où elles se manifestent, afin de les canaliser par divers exercices. Et de vous décrisper !

La peur pensée

La relaxation : isolez-vous et allongez-vous dans un endroit calme, en tenue décontractée et déchaussé. Les yeux fermés, prenez un rythme respiratoire lent et profond (respirez par le nez, soufflez par la bouche). Portez ensuite mentalement votre attention sur votre corps, bien relâché et pesant sur le matelas. Détendez vos muscles, membre après membre, de la tête aux pieds. Lorsque vous êtes complètement relaxé, imaginez qu'un courant d'air frais parcourt votre corps des pieds vers la tête.

La visualisation : dans cet état de détente totale, transportez-vous maintenant par la pensée sur la plage tropicale de votre choix. Vous êtes allongé sur le sable, au pied d'un cocotier, sous un ciel bleu magnifique et votre corps bronze au soleil éclatant. Vous n'avez aucun souci, aucune pensée parasite ne traverse votre esprit. Vous êtes calme. Vous voyez la traînée blanche d'un avion, très haut dans l'azur. Vous suivez son parcours pendant qu'un vent frais vous caresse le visage. Vous êtes heureux.

La méditation : quittez maintenant votre plage de rêve et revenez dans votre vie quotidienne. Centrez-vous sur votre personne : choisissez-vous comme thème de réflexion. Mettez-vous à l'écoute de vos peurs. Que disent-elles ? Énumérez vos qualités et défauts, vos forces et faiblesses, vos bons et mauvais sentiments. Pensez ensuite à la nouvelle image à laquelle vous aspirez. Créez la personne sûre d'elle que vous souhaitez devenir. Imprégnez-vous de cette image pour la transposer dans la réalité.

Terminez la séance après une vingtaine de minutes. Ouvrez les yeux, étirez-vous, bâillez, asseyez-vous, puis levez-vous lentement. Pratiquez cet exercice tous les soirs avant de dormir (il favorisera votre sommeil) en cas de tensions diverses et au moins deux fois par semaine en période normale. À vous d'imaginer des lieux d'évasion et des thèmes de réflexion visant à vous apporter la tranquillité d'esprit.

La peur ressentie

L'exercice physique : vous n'êtes pas qu'une tête ! N'oubliez pas que vous avez un corps ! C'est par lui que doit s'évacuer l'anxiété blottie dans les viscères.

Pour cela, il vous suffit de retrouver les chemins quotidiens de l'exercice physique naturel. Si possible, privilégiez la marche en ville et les promenades à la campagne, choisissez le vélo plutôt que la voiture ou la moto, et préférez les escaliers aux ascenseurs.

Les sons : qui dit corps dit sens. Il existe des cassettes de musique « calmante ». N'hésitez pas à assortir vos séances de relaxation d'une écoute de morceaux adaptés (xylophone, par exemple). Si des larmes vous viennent aux yeux, tant mieux : c'est la détente assurée !

Le sommeil : certains aiment les pause-café ou thé pour se détendre dans un cadre professionnel. Vous pouvez aussi opter pour la sieste-minute. Un sommeil, voire un demi-sommeil de quelques instants sur votre chaise, entre vos travaux, est souverain à la fois pour l'entretien du tonus et de la quiétude.

La peur opérante

C'est sur le terrain même que vous oublierez vos phobies !

Apprenez : le métro en descendant d'abord dans les couloirs, et le lendemain sur le quai, puis ensuite en voyageant le temps d'une station. Augmentez ainsi progressivement votre durée de séjour dans ce moyen de transport si commode.

Apprivoisez : l'ascenseur en l'empruntant pour monter un étage, puis deux, puis trois…

Osez : le restaurant en choisissant d'abord un établissement gai et un seul plat. La prochaine fois, vous ajouterez un hors-d'œuvre, la suivante, un dessert !

Autant d'« immersions » graduées qui vous rendront enfin votre liberté d'action.

3. Les peurs événementielles

a) Vous avez la parole !

Souvenez-vous : « Tais-toi quand je parle », « Ne réponds pas, je te prie ! », « On ne dit rien à table ! », « Silence dans les rangs ! », « Chut ! je ne veux pas entendre un mot dans la classe ! », « Mettez-la un peu en veilleuse ! », « Vos gueules là d'dans ! » À la maison, à l'école, au patronage, au service militaire, nous avons été ainsi sommés de « la boucler » au fil du temps. Contrairement aux États-Unis, et à de nombreux pays anglo-saxons, où l'expression orale est privilégiée dès le plus jeune âge, notre vieille Europe latine n'a pas encore perdu… ses vieilles habitudes, même si, heureusement, elle en prend enfin conscience !

La France – imprégnée de droit romain et très marquée par sa longue civilisation de l'écrit – fait encore bien trop peiner ses écoliers sur leurs cahiers, au détriment de la parole et de la gestuelle. Il n'y a pas si longtemps, la lecture à haute voix était interdite en classe ! Résultat : combien d'étudiants sont littéralement terrorisés à l'idée des épreuves orales de leurs examens et concours ? Combien de demandeurs d'emploi redoutent l'inévitable entretien de recrutement auquel ils doivent pourtant se présenter ? Combien de gens, soudain troublés, n'osent même pas demander le prix d'un article chez un commerçant ? Ou tout simplement leur chemin à un agent de police ? Non, nous n'exagérons pas !

Tous les sondages régulièrement effectués sur les comportements sociaux révèlent cette appréhension récurrente chez les enquêtés : la prise de parole en public. De fait, s'exposer au regard et à l'écoute de l'autre – donc à son jugement lors des plus courants événements de la vie quotidienne – constitue la première de ces « peurs de contact » que la psychiatrie nomme *phobies sociales.* Qui n'a pas craint un jour d'avoir à s'exprimer dans une assemblée (comités d'entreprise, réunions de parents d'élèves, de copropriétaires, de familles) pour poser une question ou donner son opinion… jusqu'à finalement y renoncer ? Soulignons-le, le public considéré peut être aussi une seule personne que l'on investit d'un pouvoir exagéré et qui fait peur, à son insu : à l'image du policier précité – symbole d'autorité –, devoir répondre à un inconnu au téléphone, converser avec quelqu'un du sexe opposé dans un café, parler en voyage à un autochtone dont on connaît mal la langue sont autant d'occasions de forte gêne pour beaucoup.

Pourquoi ce « blocage vocal », cette émotion contenue, alors que précisément, en tant qu'acte physique et verbalisateur de la pensée, la parole non seulement libère, nous l'avons dit, mais par essence nous relie à autrui, dans la grande chaîne universelle du langage ?

Il faut encore aller chercher la réponse du côté de l'éducation. Pendant la première moitié du XXe siècle, beaucoup d'entre nous ont connu un système d'injonctions parentales très respectées (« ne te fais pas remarquer », « ne dis pas ce que tu penses », « fais vite », « ne te trompe pas », « fais plaisir à tes parents », etc.) qui a inévitablement présenté les défauts de ses qualités. La génération concernée fut, comme l'on dit, « bien élevée » et obéissante, mais au prix de retenues comportementales excessives. Celles-ci ont pu se traduire (et se traduisent encore) par la soumission, la peur de déranger, l'obséquiosité l'« excusisme », tout en entretenant une dommageable culpabilité. Jusqu'à l'explosion de 1968, dont le slogan : « Il est interdit d'interdire » a engendré l'effet inverse avec une dangereuse permissivité, un manque de respect et l'apparition des « incivilités ». Autant de ferments qui ne sont pas étrangers à la délinquance d'aujourd'hui, affirment nombre de sociologues. Entre l'inhibition et l'effronterie, il y a bien sûr le juste milieu : celui où s'exprime une parole naturelle qui signe une saine affirmation de soi.

b) Le trac, la timidité

Nous ne sommes pas égaux au plan de ladite affirmation de soi – encore appelée *assertivité* – en fonction même de notre personnalité et de notre histoire individuelle (caractère, enfance, ambiance familiale, scolarité, type d'éducateurs, besoins affectifs, vision du monde…)

Il est vrai que certains d'entre nous ont plus d'audace, d'aplomb, d'assurance que d'autres dans leurs rapports sociaux. Il est vrai aussi que les « trop sûrs d'eux » et les « culottés » – ceux qui, littéralement centrés sur leur nombril, osent tout sans nuance aucune – sont souvent privés de profondeur et de cette finesse d'esprit, qui permet d'appréhender le monde et de bien communiquer avec ses semblables.

À une comédienne débutante qui, un soir en répétition, déclarait à la cantonade : « Le trac, moi, je ne sais pas ce que c'est ! » Louis Jouvet, son professeur, répliqua ironiquement : « Attendez, jeune fille, il vous viendra avec le talent ! » Le célèbre comédien voulait signifier par là à son élève que sa sensibilité, cette disposition d'ouverture aux choses de la vie, n'était pas éveillée. Et que de la sorte, sans expérience de ce métier, elle était inconsciente de ses dangers et des obligations qu'il entraîne, devant un public à honorer.

Ainsi, ne vous désolez pas si vous êtes sujet au trac. C'est bien parce que vous vous sentez responsable de vos actes – précisément avec une volonté de réussir mêlée à la crainte légitime d'échouer – que vous éprouvez cette émotion. Pour la définir, le dictionnaire nous dit : « Le trac est une peur éprouvée au moment de paraître en public ou de subir une épreuve, qui, généralement, se dissipe dans l'action. »

Il s'agit donc d'une peur circonstancielle (et passagère) à ne pas confondre avec la timidité qui, elle, est une peur existentielle (durable mais guérissable, elle aussi). Exemples :

Jérôme est un gai luron qui a le mot pour rire en toutes occasions et le calembour facile. Aimable, très inventif, il est toujours prêt à rendre service. Gérard, son ami d'enfance, qui connaît sa sociabilité, lui annonce son prochain mariage et lui demande de bien vouloir en assurer l'animation. Jérôme, qui ne sait pas dire non et veut faire plaisir à son copain, accepte évidemment cette mission. Il prépare avec cœur un super programme de réjouissances pour cette cérémonie : musiques de danse, gags, sketches, chansons, histoires drôles, jeux, etc.

Jérôme est fin prêt le jour venu. Il a tout prévu, tout… sauf que prendre en charge la distraction de deux cents personnes, ce n'est pas pareil que d'amuser deux amis avec une bonne blague. Et au moment où il va lancer son compliment aux jeunes mariés sur la scène de la salle des fêtes, micro en main, devant l'assemblée qui le dévisage… il sent soudain ses idées vaciller, sa gorge se nouer, sa bouche devenir sèche, la sueur mouiller sa chemise, ses jambes fléchir… La crise de trac ! Dans un ultime réflexe, il réussit à articuler qu'il a oublié de fermer le gaz chez lui et sort de scène précipitamment ! Les invités croient à un gag et applaudissent en riant. En coulisses, Jérôme s'éponge, boit un verre d'eau, respire un grand coup et reprend heureusement ses esprits en quelques secondes. Il revient en scène et surprend tout le monde en demandant aux hommes de se lever pour applaudir les dames, ce qui détend l'atmosphère… et l'animateur ! Tout se passe très bien ensuite.

Sandrine a dix-huit ans. Elle vit dans une famille plutôt rabat-joie, très repliée sur elle-même. De nature réservée, uniquement préoccupée par ses études et ne sortant jamais, elle a ainsi développé une grande timidité. Elle n'a qu'une amie, Julie. Celle-ci réussit à l'entraîner dans le chant choral qui la libère de son inhibition en quelques semaines. Toutes les deux songent maintenant à faire du théâtre amateur !

Ce sont moins les choses qui font peur que l'idée que l'on s'en fait !

EXERCICE N° 8

Exprimez-vous !

Le trac n'est pas une maladie mais une émotion : cette « turbulence affective » éprouvée par la plupart d'entre nous, à des degrés divers – notamment lors de nos prestations devant un public – est en quelque sorte un « analyseur » qui cherche à anticiper sur la situation.

➡ « Que va-t-il se passer? », « Serai-je à la hauteur? », « Ne vais-je pas perdre les pédales? » sont autant de questions que l'on peut se poser, consciemment ou non, avant « d'entrer en scène ».
Il ne s'agit donc pas de supprimer à tout prix cette forme d'énergie, mais de la canaliser pour la transformer en aide efficace et conserver ses moyens. Examinons les outils dont nous disposons.

Les 10 commandements de l'expression efficace

Avant chaque prestation, tu te décontracteras : il s'agit d'obtenir un relâchement physique et mental. L'exercice le plus facile et le plus rapide consiste à prendre la posture du cocher de fiacre assoupi (relaxation minute). Avant votre prestation – assis tel un cocher somnolent attendant le client –, penchez-vous en avant, les coudes sur vos cuisses et les deux mains ouvertes, pendantes entre vos genoux. Dans cette position, les yeux fermés, concentrez-vous sur l'ouverture et la fermeture de votre glotte, au rythme de vos inspirations-expirations. Très rapidement, vous allez sentir votre larynx – lieu de prédilection du trac – se décrisper et un bien-être général vous gagner.

Tout en parlant, ta respiration tu contrôleras : nous inspirons-expirons environ 18 à 20 fois par minute. Lors de votre prise de parole, n'hésitez pas à porter votre rythme respiratoire de 20 à 25 inspirations-expirations par minute. Votre expression orale sera de la sorte beaucoup plus aisée, avec une voix claire et posée. Entraînez-vous en lisant des séries de textes.

À une bonne articulation, tu t'efforceras : l'émotion fait souvent parler rapidement et «avaler les mots». Appliquez-vous à parler distinctement en répétant des phrases exigeant une lente gymnastique de la mâchoire. Exemple : une saucisse sèche saine doit sécher sans s'assécher.

À extérioriser tes émotions, tu t'appliqueras : cacher son ressenti en parlant revient à présenter un «visage masqué». Si, au contraire, vous exprimez vos émotions de base, joie, colère, tristesse, peur, vos auditeurs apprécieront votre sincérité. Et vous vous détendrez du même coup !

Ton regard au public, tu montreras : ne baissez pas les yeux vers le sol ou ne fixez pas le plafond ! Promenez votre regard sur l'assistance, pour «tenir» chacun de ses membres. Vous constaterez qu'ils sont généralement chaleureux. Ce qui renforcera votre confiance en vous.

Aux lieux et aux gens, tu t'adapteras : vous devez tenir compte de votre lieu d'expression et de la qualité des auditeurs. Une enquête préalable vous confortera. Vous pourrez ainsi adapter votre voix aux locaux et trouver le ton et les mots justes en fonction de votre public.

Le geste à la parole, tu joindras : le geste prolonge naturellement la parole. Pensez à «décoller» vos bras de votre corps et à souligner vos propos de brefs mouvements de mains. Cette mimique, qui doit rester souple, agrémentera votre prestation et évacuera votre tension.

Ton sujet parfaitement, tu posséderas : que vous vous exprimiez de mémoire, en lisant, ou que vous improvisiez, vous devez connaître totalement votre propos. Cette maîtrise totale, à la fois de la forme et du fond, captivera votre auditoire tout en vous donnant l'aisance nécessaire.

De te faire entendre, tu te soucieras : parler en public impose de savoir augmenter votre volume vocal. C'est-à-dire de «faire avec» les bruits divers (sonneries de téléphone, bruits de chaises et de vaisselle, toux, etc.). Ces imprévus demandent sourire, patience... et reformulation.

De te faire comprendre, tu te préoccuperas : optez toujours pour un langage simple, exempt de mots «savants». Évitez de «surdétailler» les sujets... surtout quand tout le monde a déjà compris. Surveillez enfin votre débit (150 mots/mn maximum) que le trac fait souvent accélérer.

Nous le constatons, l'expression orale et corporelle peut parfaitement être maîtrisée avec des techniques simples et un entraînement régulier. Celui-ci, en installant en vous des automatismes efficaces, vous permettra de vous consacrer totalement à l'acte de communication, c'est-à-dire à faire passer à l'auditoire votre message – soutenu par les émotions appropriées – sans avoir à subir votre trac !

En bref

➢ Une émotion est une réserve énergétique. Son mécanisme fonctionne en quatre temps : charge, tension, décharge et relaxation.

➢ La peur, qui met l'organisme en état d'alerte, est une « émotion rentrée » par définition. L'évacuer est essentiel.

➢ La colère est un moyen de réaction et de défense. Elle est un instrument relationnel pour signifier notre mécontentement. Appropriée, elle soulage.

➢ La tristesse est un médiateur que notre organisme utilise lors d'événements pénibles. Elle produit des larmes dont l'écoulement allège notre tension.

➢ La joie est une onde bénéfique qui envahit le corps et l'esprit. Elle favorise la sécrétion d'hormones euphorisantes (endorphines) qui accentuent notre bien-être.

➢ L'amour nous procure des élans répétitifs pour nos semblables, pour nos frères animaux, pour la création. Autant de possibilités de manifester notre joie de vivre.

➢ Notre appareil psychique possède une batterie de « mécanismes de défense », à effet de refoulement des tensions dans l'inconscient, lorsqu'elles ne sont pas normalement déchargées par le biais des émotions de base.

➢ Lorsque ces mécanismes de défense n'assurent pas leur tâche de stockage/déstockage surgit l'anxiété, attente pénible d'une difficulté, d'un malheur.

➢ L'anxiété, peur sans objet, et en soi avatar du fonctionnement émotionnel, procède de trois phases successives : elle est d'abord pensée, ensuite ressentie, puis opérante.

➢ L'angoisse se différencie de l'anxiété par les désordres physiques qui l'accompagnent (exemple : douleurs thoraciques, gastriques, musculaires).

➢ La psychothérapie – qui agit sur les causes de l'anxiété – fait mieux à terme que les tranquillisants (efficace sur les effets de l'anxiété) parce que la parole libère.

➢ La phobie est une crainte irraisonnée d'objets ou d'actes donnés. Agoraphobes et claustrophobes peuvent guérir en s'habituant aux situations phobogènes.

➢ La peur de la prise de parole en public est la première des «phobies sociales».

➢ Entre l'inhibition et l'effronterie, il y a un juste milieu : celui où s'exprime une parole naturelle qui signe une saine affirmation de soi.

➢ Le trac est une peur circonstancielle et la timidité une peur existentielle.

Notes personnelles :

. . . .

. . . .

. . . .

. . . .

. . . .

. . . .

. . . .

. . . .

. . . .

. . . .

CHAPITRE III

Le registre sentimental

« Si c'est la raison qui fait l'homme, c'est le sentiment qui le conduit », dit avec pertinence Jean-Jacques Rousseau.

Distinct de l'émotion dont il dérive, le sentiment a une importance considérable dans notre vie. Comme le remarque justement le célèbre philosophe précité, cet état affectif est aux commandes même de toutes nos actions. Et souvent à notre insu !

Nous le constaterons d'entrée dans ce chapitre, le sentiment, qui sait se diversifier en de multiples formes, peut nous jouer bien des tours pour imposer sa volonté. Du sentiment qui se déguise en un autre à celui qui surgit brutalement de notre passé. De cette réminiscence inattendue aux ressentiments qui s'accumulent, pour se transformer un beau jour en émotions fortes !

Il y a aussi ces mauvais sentiments qui empoisonnent notre relation à l'autre et que nous devons éliminer. Il y a enfin, c'est heureux, les sentiments positifs qu'il faut entretenir parce qu'ils nous donnent la joie de vivre avec une saine vision du monde.

Entrons dans ce surprenant univers sentimental !

1. Des hôtes facétieux

a) Les sentiments substitutifs

Sans vouloir ergoter sur le vocabulaire, il est néanmoins important de ne pas amalgamer « émotions » et « sentiments », nous l'avons précisé plus haut. Nos émotions constituent notre réponse physiologique aux multiples stimuli internes ou externes, que nous nous donnons ou que nous recevons quotidiennement. En cela, elles peuvent être considérées comme les indispensables « palpeurs » de notre milieu.

Nos sentiments, pour leur part, représentent les dérivés multiples desdites émotions. Ils traduisent notre disposition d'esprit, dans des circonstances et périodes données.

Très schématiquement, l'émotion est une *réaction physique* et le sentiment une *élaboration mentale.* Ainsi s'établissent les correspondances suivantes à partir des émotions de base :

Émotions de base →	Sentiments correspondants
La peur	*appréhension, crainte, souci, anxiété...*
La colère	*rancune, irritabilité, rage, mépris...*
La tristesse	*morosité, peine, regret, nostalgie...*
La joie	*jubilation, gaîté, satisfaction, euphorie...*
L'amour	*désir, affection, tendresse, compassion...*

Autre différence entre émotion et sentiment : leur « naissance ». L'expression de l'émotion est spontanée, donc involontaire. À moins de faire semblant, qui peut prétendre s'apeurer, s'emporter, pleurer, exulter ou aimer sur commande et à volonté ? C'est bien pourquoi il nous paraît impropre de parler de « maîtrise » des émotions alors qu'il s'agit d'évacuer naturellement la tension émotive. De la sorte, chacun de nous peut, dans une certaine mesure, « réguler » la décharge de ses émotions en entretenant un bon équilibre physique et psychique, libérateur d'énergie. Autrement dit, éviter par anticipation des débordements dommageables. Une violente colère, assortie d'insultes et de brutalités, trahit une émotion « stratifiée », trop longtemps alimentée et retenue. Comme l'on dit, c'est une colère « gardée sur l'estomac », et devenue soudain explosive.

Si nous éprouvons au quotidien de justes sentiments découlant de saines émotions, nous pouvons néanmoins subir la tyrannie régulière de sentiments inappropriés, « fabriqués » dans notre enfance. À côté de l'émotion innée existe ainsi le sentiment acquis, qui vient se substituer de façon quasi automatique au vrai ressenti de la personne.

Exemples :

Par imitation d'un papa « rigolo », qui fait des plaisanteries sans arrêt pour réjouir son épouse d'un naturel austère, Jean, un petit enfant sensible, intériorise ce sentiment « appris » d'amusement qu'il croit vital. En grandissant, il fait tout le temps le pitre devant ses copains d'école… au prix de constants zéros de conduite ! Plus tard, il devient le farceur attitré en famille, dans son travail et en milieu associatif. Certes, ses dons d'animation et ses calembours sont appréciés, quoique ses excès en la matière, à la longue, fatiguent les gens. Au vrai, à l'image de son père, mais sans le savoir, il « amuse la galerie » pour se faire aimer. Au risque d'obtenir l'effet inverse ! Il en prendra enfin conscience en rencontrant l'âme sœur, qui l'aimera pour ce qu'il est, et non pour ce qu'il fait…

Vanessa est la fille d'une cavalière émérite, professeur d'équitation. Assise à l'extérieur du manège, elle a vu des heures sa maman admonester durement les apprentis cavaliers, comme la tradition l'exige (bêtement !). Devenue chef d'entreprise, Vanessa a pris l'habitude d'agresser sans arrêt ses subordonnés(ées) qui n'en peuvent plus. Jusqu'au jour où elle est assignée aux prud'hommes pour harcèlement moral. Tout étonnée, sincère même, elle se justifie devant le juge en disant qu'elle pensait faire ces « remarques » pour le bien de ses collaborateurs ! Sa condamnation l'incite à « mettre en place » une meilleure communication !

Un faux sentiment peut générer… de vrais comportements nocifs !

b) Les sentiments «élastiques»

Nous venons de remarquer qu'un sentiment inadapté (ou «parasite», tel que le considère justement certains psychologues) peut avoir pour effet d'exercer sur autrui une pression, voire une sorte de chantage, pour obtenir ce que l'on désire, consciemment ou non. L'Analyse Transactionnelle (en abrégé l'A. T.), un pertinent modèle américain de communication – dont nous reparlerons plus avant – parle de «racket» pour désigner cette forme de manipulation (à l'image de gangsters qui, sous prétexte de «protéger» les gens..., les rançonnent continuellement). C'est aussi une automanipulation dont il convient de prendre conscience pour retrouver une bonne relation à soi et à autrui.

Un autre agent facétieux est le sentiment dit «élastique». Un vécu particulier peut soudain réactiver le souvenir d'une situation ancienne similaire, qui vous revient de «plein fouet» en mémoire. Exactement comme un élastique étiré entre vos mains : si vous relâchez l'un des bouts, il vous cingle les doigts. De même, vous pouvez être, sans vous en douter, «relié» à un événement passé, dont la réminiscence soudaine vous est agréable ou pénible.

Vous cherchez un appartement à louer dans votre ville. Vous passez ainsi des soirées à éplucher les petites annonces dans les journaux spécialisés, à «faire» les agences, puis à visiter des habitats de toutes sortes... qui ne vous conviennent pas. Jusqu'à ce samedi après-midi où le préposé d'une agence vous emmène dans un trois pièces ensoleillé, refait à neuf, qui sent encore la peinture. Et précisément, cette odeur non seulement vous rappelle quelque chose, mais vous met le cœur en fête. Bref, vous êtes emballé et vous signez le jour même l'engagement de location ! C'est en prenant possession des lieux qu'un déclic s'opère en vous : l'odeur de peinture qui flotte vous remémore l'appartement de votre enfance – dont votre père repeignait chaque année une pièce – et où vous avez été si heureux !

J'assiste à une conférence sur les pyramides égyptiennes, donnée au centre culturel de ma commune. Dès que le conférencier apparaît sur la scène, curieusement, je me sens très mal à l'aise ! Assis au premier rang, je distingue parfaitement ses traits. Alors que ses propos sont tout à fait bienveillants, ses mouvements de sourcils, ses grosses lunettes d'écaille, son regard qui se pose sur les auditeurs me dérangent vraiment ! Que se passe-t-il ? Lorsqu'il parle de Toutankhamon et que ses yeux s'arrêtent sur moi, je sens une forte angoisse m'envahir ! J'ai envie de me lever et partir... Brusquement, je comprends tout. Ce visage vient de me renvoyer au temps de ma scolarité : il me rappelle celui de mon professeur d'histoire. Un enseignant, à mon avis caractériel, qui m'avait pris en grippe et m'invitait à sortir de la classe, dès qu'il y entrait !

L'élastique de certains sentiments est parfois très extensible et solide !

c) Les sentiments « cadeaux »

Lorsqu'un sentiment « élastique » procure un ressenti agréable, à type de joie, pourquoi s'en priver ? Le ou les sentiments attachés à un événement passé sympathique peuvent faire naître au présent des émotions plaisantes, régénératrices mêmes : à l'évidence, il est alors bon de se souvenir. En revanche, quand à l'occasion d'un fait particulier répété, le ressenti est douloureux ou le demeure dans le temps, il convient de « décrocher » l'élastique pour se libérer. De quelle façon ?

Si, par exemple, vous tressaillez et ressentez une crainte mêlée d'irritation à chaque fois que vous voyez votre facteur ou un gendarme, la cause de votre émoi est à rechercher. De fait, il ne vous faudra pas longtemps pour vous rappeler votre trouble quand, il y a dix ans, le préposé de La Poste *vous a remis une lettre recommandée vous annonçant un retrait de permis de conduire de trois mois. N'est-il pas temps d'oublier votre rancune contre le fonctionnaire verbalisateur ? Après tout, il ne faisait que son travail ce jour-là sur l'autoroute. À quelle vitesse le radar vous a surpris, déjà ?*

Méfions-nous de nos sentiments de rancœur. Au fil des incidents de la vie – comme celui ci-dessus – et aussi des diverses frustrations éprouvées, nous pouvons « stocker » nos ressentiments pour en constituer de véritables collections. Exactement comme les « points cadeaux » que remettent les stations-service lors des achats de carburant : le dixième donne droit à un bidon d'huile ou à un film en cassette gratuit.

La rousseur suscite encore des moqueries. Kevin, qui a une belle chevelure flamboyante, s'entend souvent traiter à l'école de « poil de carotte » ou de « fil de cuivre ». Il aime la plaisanterie, il est très, trop patient. Jusqu'à ce fâcheux matin où un camarade l'apostrophe avec un cruel « Bonjour, le chou rouge ! ». C'est la goutte d'eau qui fait déborder le vase. L'après-midi, Kevin, ivre de rage, arrive dans la cour avec un paquet de farine qu'il renverse sur la tête du… blanc-bec moqueur. Et moqué !

La musique n'adoucit pas toujours les mœurs. Dans son immeuble, Sonia, écrivain, a pour voisin du dessus un professeur de piano dont les élèves « exécutent » à longueur de journée la Lettre à Élise *depuis des années. Double vitrage, isolation des plafonds, boules Quiès, Sonia a tout essayé : croches et doubles croches s'égrènent à travers les murs et diabolisent sa vie. Excédée, elle organise un samedi soir une bruyante surprise-partie avec un orchestre… d'enfer. Et déménage le lendemain !*

Plutôt que d'accumuler des aigreurs jusqu'à l'exaspération, il est préférable de ne pas laisser perdurer les situations malsaines. En l'occurrence, c'est une mise au point précoce qui s'imposait, tant pour Kevin que pour Sonia, avec leur entourage respectif. La liquidation à retardement d'une collection de sentiments retenus – même avec un cadeau final ! – ne vaut pas un bon « coup de gueule » justifié, dès le départ !

2. Les mauvais sentiments

a) La culpabilité

Nous avons constaté plus haut les dommages que peut causer une expression orale contrariée pendant l'enfance. Timidité, trac et, d'une manière générale, gêne en public, résultent souvent d'interdits éducatifs qui continuent d'agir ensuite à l'état adulte. Il y a, de ce côté là aussi, des élastiques à décrocher !

Ces injonctions de l'émetteur-parent sont d'autant plus « toxiques » qu'elles contiennent parfois pour le récepteur-enfant hypersensible un sous-entendu menaçant du genre : « Si tu parles à table ou en classe, méfie-toi, tu seras puni ! » Cette punition est alors attendue, selon les coutumes familiales, par voie matérielle, donc effective (réprimande, privation, châtiment corporel…) ou céleste, donc irrationnelle (foudres divines, diableries, sortilèges…).

Nous arrivons ici sur le terrain d'un mal occidental toujours très répandu, auquel nous avons fait allusion : la culpabilité.

Ce « mauvais » sentiment nous vient de loin. Selon Freud, il remonte au « meurtre du père » commis par ce qu'il nomme la horde primitive. La légende rapporte que les fils du chef d'une tribu polynésienne l'ont assassiné pour s'approprier ses femmes. Ils en éprouvent ensuite un profond remords, qu'ils cherchent à expier en vénérant un totem, sculpture de bois symbolisant leur père, et en partageant autour un repas totémique, correspondant à l'incorporation paternelle rédemptrice. On trouve dans ce « sociodrame » les grandes composantes de la religion – principalement du christianisme – qui naîtra ensuite. Avec le « père », concept de Dieu, la « faute », qui deviendra le péché et le « dîner » (la Cène, du latin *cena,* repas du soir) représenté par la communion.

Ce n'est pas un hasard si le rite chrétien – qui a fait d'Adam le premier pécheur – a pu être appelé la « doctrine de la culpabilité » par les historiens des religions. Loin de nous l'idée d'offenser ici un culte, quel qu'il soit. Mais il faut bien reconnaître que deux mille ans d'une sévère civilisation méditerranéenne ont laissé des traces dans l'inconscient collectif. Elles se traduisent encore aujourd'hui à notre insu en termes de honte, d'autoaccusation aussi, chez nombre d'entre nous.

« C'est ma faute, c'est ma très grande faute » n'est pas qu'une formule de catéchisme. Ce *mea culpa,* né d'une pomme croquée puis de la crucifixion du Christ symbolisant la faute à racheter par l'humanité, a traversé le temps. Et cette notion de péché originel est ainsi ancrée, consciemment ou non, dans beaucoup d'esprits – croyants et même athées – comme l'observent les psychothérapeutes dans leur pratique. De la sorte, combien de fieffés culpabilisateurs savent opportunément « fabriquer » des culpabilisés ! Personne, en pays libre, n'est pourtant tenu de s'obliger à souffrir, ni de « porter un chapeau » qui ne lui appartient pas !

b) Le mépris

Un vieux précepte dit très justement que l'on peut être *responsable sans être coupable.* Il convient en effet, dans le cadre même de notre liberté individuelle – et de notre libre arbitre –, de savoir mesurer en toute conscience la portée de nos actes. Alors, en accord avec nous-même et refusant toute manipulation, nous n'avons aucune raison de nous sentir quotidiennement fautif, au titre d'un crime perpétré il y a deux mille ans !

Ne nous le cachons pas : il faut une ferme volonté pour dépasser une éducation marquée par cette tradition accusatrice qui sait si bien passer de génération en génération. Il faudrait aussi, au début de ce nouveau millénaire, que les cultes – dont l'utilité est par ailleurs incontestable – proposent aux fidèles une interprétation mieux adaptée de leurs symboles. Il n'est pas logique que lesdites religions (du latin *religare,* « relier »), précisément créées pour rapprocher l'homme du divin et apaiser son angoisse existentielle, soient en fait génératrices de peur !

Enfin, comment accepter que chacune prétende détenir la vérité et conteste l'existence de ses homologues, alors même que toutes prêchent l'amour universel ? Partant, faut-il être surpris de l'actuelle désaffection des cultes, et de la montée parallèle des intégrismes ? Doit-on s'étonner qu'un individualisme exacerbé, souvent assorti de mépris pour l'alter ego, se soit emparé de notre société en perte de valeurs ?

Certes, ne généralisons pas, ne dramatisons pas non plus. Espérons ! Il nous est annoncé un XXIe siècle « spirituel », ce qui signifierait – avec le « mouvement de balancier » qui caractérise la pensée des groupes humains – la venue d'une salutaire prise de conscience.

En attendant, nous voulons pointer ici dans le droit-fil de la tendance amorale actuelle, génératrice de dédain et d'opinions préconçues, un guet-apens dans lequel il est facile de tomber. Observons autour de nous :

Norbert a réussi à racheter la petite affaire d'import-export dont il a été plusieurs années l'un des « commerciaux ». Très exigeant avec lui-même, il l'est aussi avec ses collaborateurs, mais trop. Comme on dit, il a pris « la grosse tête ». Il ne salue plus personne et impose une productivité infernale. Son ton cassant, ses ordres sans nuances, ses colères, sa grosse voiture jugée indécente montent le personnel contre lui. C'était fatal : une grève soudaine éclate, paralyse l'activité et en un mois coule l'entreprise. Celle-ci est à nouveau rachetée avec son effectif. Sauf Norbert, très dépité, qui redevient ailleurs et par force… représentant !

Julie a été élevée dans une famille hostile aux gens de couleur. Devenue adulte, elle n'a pas su se libérer de cette inimitié acquise. Jusqu'au jour de son accouchement très délicat où l'assiste une efficace et apaisante sage-femme antillaise. Après plusieurs heures, elle tend son beau bébé à Julie qui pleure de joie… et étreint longuement la praticienne !

La condition humaine impose la solidarité et non le rejet d'autrui !

c) La jalousie

Nous venons de constater que le discrédit dont les religions font actuellement l'objet n'a pas effacé la culpabilité de la grande liste des sentiments humains.

De fait, cette notion de « faute à punir » est largement sortie du contexte cultuel initial pour s'installer dans le « culturel ». À tel point que devant tout manquement, notre société éprouve le besoin de désigner immédiatement un ou plusieurs coupables, parfois au risque de l'injustice. De l'élève renvoyé parce que soupçonné sans preuve d'avoir été le meneur d'un chahut destructeur, au ministre des transports qui doit démissionner après un grave accident de chemin de fer.

C'est cette crainte même d'être accusé et châtié qui conduit de nombreux individus à fuir les responsabilités. Et c'est aussi la déresponsabilisation qui conduit à l'égoïsme ambiant et le renforce ! Pourquoi adhérer à un syndicat puisque d'autres en sont déjà membres dans l'entreprise ? Pourquoi prendre des risques... puisque eux les endossent à ma place ? Au vrai, ne suis-je pas au-dessus de tout cela en restant bien tranquille dans mon coin ?

Fixation sur soi-même et autosuffisance peuvent également nous amener à prendre ombrage des avantages dont jouit notre collègue ou notre ami. Au point de précisément nous reprocher de ne pas les posséder nous-même. Et de nourrir un sentiment hostile et d'envie, parfois de suspicion, à l'encontre de la personne concernée. Comment Robert a-t-il pu se payer cette grosse voiture allemande toute neuve ? Maintenant, j'ai l'air de quoi, moi, dans ma vieille R5 ? Nous voici arrivés, par enchaînements successifs, sur le terrain de la jalousie.

Ce sentiment, tout comme la culpabilité et le mépris ci-dessus approchés, dérive de l'émotion fondamentale qui jalonne ce livre : la peur. Cette peur que nous éprouvons dès notre naissance, dans toute sa diversité, parce qu'à la merci des adultes. Peur d'être maltraité, délaissé, détrôné, abandonné... Autant de raisons d'avoir pour maman un total attachement, c'est-à-dire un amour possessif, exclusif, inquiet bien sûr. Et donc d'être jaloux de l'environnement familial, avec lequel bébé ne veut pas partager !

Nicolas a quatre ans. Il est le roi de la maison, choyé par des parents et grands-parents qui l'adorent. Pourtant, depuis quelque temps, il perçoit que sa maman se laisse moins approcher et que sa taille s'élargit. Qu'est-ce qu'il peut bien y avoir dans ce ventre qui s'arrondit de jour en jour et qui fascine tant Papa ? Et un sombre matin... Nicolas voit arriver maman toute mince avec un poupon dans les bras, qu'on lui présente comme sa sœur Nathalie ! « Finis les câlins pour moi tout seul ! » se dit Nicolas furieux, mais en même temps très attiré par... cette concurrente !

Ainsi commence souvent la jalousie, en l'occurrence résultat d'une frustration précoce, à analyser et à dépasser.

3. Les sentiments positifs

a) Le respect, l'égalité

Depuis l'origine, l'homme, animé par son instinct de conservation, cherche en tous lieux et toutes occasions à dominer son semblable. La jalousie précitée, motivée par la peur et aussi par la négation inconsciente d'autrui, est en même temps… une façon de reconnaître son existence !

Si le constat de la vie confortable de mon voisin constitue une saine dynamique pour me faire progresser, je peux être satisfait. En revanche, si la vue de son automobile m'incite sur-le-champ à acquérir une cylindrée supérieure, je dois m'interroger sur la nature de mes sentiments. Orgueil ? Arrogance ? Provocation ? Désir de supériorité ? Où que soit son milieu d'évolution, la jalousie sévit parfois en tenue de camouflage !

Notre monde moderne nous fait profiter de fantastiques progrès, entre autres dans les domaines de la santé, de la communication, du confort, mais il entretient aussi – comme jamais auparavant – un détestable climat de compétition entre les hommes, au nom de la sacro-sainte productivité. Résultat en entreprise : le « collègue » est largement devenu l'être à écarter, à neutraliser, bref l'adversaire permanent, dont il faut se méfier. Nous ne généralisons pas. Les plus récentes enquêtes, dénonçant le « harcèlement des chefs » – petits et grands – dans de nombreux lieux d'activités, démontrent bien que la fonction prend trop souvent le pas sur l'homme. Avec cette conception déshumanisante du travail, commence l'irrespect de la personne.

C'est par le constat de l'irrespect, ce manque de considération et d'attention pour l'autre, que l'on peut précisément mieux définir et comprendre le respect. Il n'est qu'à observer le comportement de multiples automobilistes (stationnements anarchiques, « queues de poisson », changement de direction sans prévenir, coups de Klaxon intempestifs, mots et gestes obscènes, violences, etc.) pour saisir que la déférente prise en compte de l'autre… a bel et bien disparu du code de la route personnel de certains ! Or, le permis de conduire, qu'ils ont pourtant reçu, implique aussi l'obligation… de bien se conduire.

La famille, l'entreprise, les transports, les immeubles ou la rue ne sont tout de même pas des «lieux perdus»! Ces espaces de rencontres peuvent redevenir de formidables «écoles de vie», à condition que chacun de nous s'efforce de dépasser sa peur réflexe et penser que, comme être humain, l'autre est notre égal, comme nous sommes son égal.

Aujourd'hui, nous communiquons de plus en plus, mais nous nous parlons de moins en moins! Le respect de notre semblable, à savoir les égards que nous nous devons réciproquement, passe par l'invitation à l'échange paisible. Il s'agit de nous respecter nous-même, en affirmant notre point de vue, et de respecter autrui, en acceptant le sien.

b) L'enthousiasme, la sérénité

Si, comme dit plus haut, nos émotions sont en quelque sorte les «palpeurs» qui nous permettent d'appréhender et de ressentir immédiatement notre milieu d'évolution, nos sentiments sont, pour leur part, les «yeux du cœur» avec lesquels nous le regardons.

Ainsi, chacun de nous a sa vision de soi-même et de son environnement, en fonction de son caractère, de ses acquis éducatifs et de ses croyances. Ainsi, ma vie est un rapport constant entre moi et le monde. C'est-à-dire entre ma personne, mes semblables et la nature, dont je suis partie intégrante.

Nous avons compris que le mode instinctif des émotions, de fait non prémédité, rend difficile leur évitement. Nous pouvons néanmoins en atténuer les effets nocifs lorsqu'elles sont prévisibles, par le phénomène d'habituation. Supposons que je sois un homme politique : ma peur de parler en public, importante au début de ma carrière, va s'atténuer puis se «dissoudre» au fil de mes prestations. Jusqu'à devenir une tension tout à fait supportable et d'ailleurs nécessaire à ma bonne expression orale.

Les sentiments, en tant que reflets de nos états d'âme et résultant d'une forme de «préparation mentale», peuvent être mieux contrôlés que les émotions, spontanées par définition. Parce que la culpabilité provient d'une «transmission culturelle», il est possible de m'en débarrasser en m'accordant le droit à l'erreur, lequel évacuera mon éventuelle peur de mal faire, voire ma crainte de quelque châtiment céleste. Parce que le mépris est également un sentiment acquis – souvent engendré à la fois par une « enflure du Moi » et une fausse idée d'autrui –, j'ai la faculté, après réflexion, de lui substituer modestie et tolérance. Et il en est de même pour ma jalousie que je peux « éteindre », à condition de ne pas assimiler par envie l'être au paraître et de ne plus croire que les qualités ou les possessions de mon semblable m'infériorisent.

La sagesse populaire dit précisément que le bonheur consiste à être pleinement satisfait de ce que l'on possède et de ne pas sans cesse désirer quelque chose de plus. Ce sentiment profond de contentement, c'est la définition même de l'enthousiasme, appellation donnée par les Grecs anciens à un état d'âme privilégié, une exaltation, qu'ils pensaient d'origine surnaturelle (*enthousiasmos,* transport divin).

Au vrai, nous disposons tous de cette faculté d'ouverture radieuse au monde à même de nous faire apprécier le vrai, le bien, le beau. Encore faut il « lâcher prise », crispés que nous sommes trop souvent sur nos principes individualistes autoprotecteurs et nos valeurs matérielles.

Alors, quand la confiance en soi et en l'autre est de retour, vient cette paix intérieure qui répond au nom tranquille de *sérénité.* C'est, à l'évidence, le sentiment qu'il convient d'avoir toujours en point de mire pour vivre heureux.

EXERCICE N° 9

Explorez vos sentiments

Les sentiments, que nous avons bien distingués des émotions, sont constamment présents dans tous les actes de notre vie et se manifestent sous les formes les plus inattendues. Ce chapitre vient de nous montrer que nous pouvons être sous leur influence – bonne ou mauvaise – mais aussi… les prendre en main, afin de mieux vivre. Nous vous proposons ci-après de « visiter » votre domaine sentimental, à la fois pour recenser vos divers ressentis, comprendre leurs mécanismes et, éventuellement, modifier certains de vos comportements non adaptés.

Les émotions et les sentiments

Dans la séquence des «hôtes facétieux» (p. 56), nous avons débuté une liste de sentiments, décliné des émotions de base. Voulez-vous la compléter avec les composants de votre propre gamme sentimentale :

La peur : appréhension, crainte, souci, anxiété ....
....

La colère : rancune, irritabilité, rage, mépris ....
....

La tristesse : morosité, peine, regret, nostalgie ....
....

La joie : jubilation, gaîté, satisfaction, euphorie ....
....

L'amour : désir, affection, tendresse, compassion ....
....

Les sentiments substitutifs

– L'expression de certains sentiments vous était-elle interdite en famille ou ailleurs pendant votre enfance? Si oui, lesquels? Quels sentiments leur substituiez-vous?
– Avez-vous l'impression aujourd'hui de remplacer parfois un sentiment par un autre, dans des situations particulières (exemple : remplacer votre peur par de la colère)? Dans l'affirmative, explorez le processus que vous utilisez. Étudiez ensuite le moyen à mettre en place pour le stopper et passez à l'action.

Les sentiments élastiques

– Quelles situations anciennes de votre vie vous sont récemment revenues en mémoire, et à quelle(s) occasion(s)?
– Ont-elles soudain réactivé des sentiments particuliers? Si oui, lesquels?
– S'il s'agit de sentiments tenaces et pénibles qui vous perturbent, imaginez une stratégie de «décrochage» des élastiques en cause (exemple : analyse, objectivation, raisonnement, etc.).

Les sentiments « cadeaux »

– Vous est-il arrivé ou vous arrive-t-il d'entretenir une ou des rancunes contre des personnes qui, de leur côté, enveniment les choses ? Si c'est le cas, observez l'articulation des scénarios. Votre comportement est-il d'accumuler des ressentiments successifs avec des pensées vengeresses, jusqu'à « exploser » (exemple : « Tu ne perds rien pour attendre ! » → « Toi, je te garde un chien de ma chienne ! » → « Continue, tu m'intéresses ! » = « Là, c'est la goutte d'eau qui fait déborder le vase ! »...) ?
Il n'est jamais trop tard pour bien faire : si vous êtes en train de constituer une collection de frustrations, arrêtez l'escalade et vos ruminations ! Identifiez vos vrais griefs et clarifiez le problème au plus vite avec votre « adversaire »... avant l'explosion !

Les mauvais sentiments

– Nous avons pointé trois sentiments à écarter : la culpabilité, le mépris et la jalousie.
– Quel est votre point de vue sur ces trois états affectifs ?
– Donnez d'autres « mauvais sentiments » dont vous avez pu avoir l'expérience.

Les sentiments positifs

– Le respect, l'égalité, l'enthousiasme et la sérénité : nous avons choisi ces quatre sentiments parce qu'ils sont en eux-mêmes de véritables viatiques. Dans cet esprit, citez-en d'autres qui font partie de vos valeurs personnelles.

En bref

➢ Très schématiquement, l'émotion est une réaction physique et le sentiment une élaboration mentale. En cela, la première relève de l'inné, le second de l'acquis.

➢ Nous pouvons éprouver des sentiments substitutifs, «fabriqués» dans notre enfance. Ils permettent d'exercer une pression sur autrui, s'il se laisse faire.

➢ Un sentiment dit «élastique» peut réactiver le souvenir d'une situation ancienne. Il convient de le «décrocher» si le ressenti est répétitif et douloureux.

➢ Nous pouvons stocker des ressentiments, jusqu'à en constituer de véritables collections que nous «liquidons» par une colère ou un scandale. Exactement comme les points accumulés des stations-service qui donnent droit à un cadeau final.

➢ Deux mille ans de civilisation gréco-judéo-chrétienne se traduisent encore aujourd'hui dans l'inconscient collectif en termes de honte et de culpabilité.

➢ Personne, en pays libre, n'est tenu de «porter un chapeau» qui ne lui appartient pas.

➢ L'individualisme exacerbé est souvent assorti du mépris de l'autre. Il est facile de tomber dans le guet-apens du dédain et des opinions préconçues.

➢ La jalousie, comme le mépris et la culpabilité, dérive de la peur.

➢ Fixation sur soi-même et autosuffisance peuvent nous amener à envier les avantages d'autrui jusqu'à nourrir à son encontre des sentiments hostiles.

➢ Depuis l'origine, l'homme, animé par son instinct de conservation, cherche en tout lieu et en toutes occasions à dominer son semblable.

➢ Dans de nombreuses activités, la fonction prend trop souvent le pas sur l'homme.

➢ Chacun de nous doit s'efforcer de dépasser sa peur réflexe de l'autre et penser que, comme être humain, il est notre égal, comme nous sommes son égal.

➢ Aujourd'hui nous communiquons de plus en plus, mais nous nous parlons de moins en moins.

➢ Le respect de notre semblable passe par l'invitation à l'échange paisible.

➢ Le bonheur consiste à être pleinement satisfait de ce que l'on possède et à ne pas sans cesse désirer quelque chose de plus.

➢ Ce sentiment profond de contentement est la définition même de l'enthousiasme.

➢ Quand la confiance en soi et en l'autre est de retour, vient une paix intérieure qui répond au nom tranquille de sérénité.

Notes personnelles :

....

....

....

....

....

....

....

Deuxieme partie

Émotions et vie quotidienne

CHAPITRE IV

Les autres

Notre « grande affaire » d'être humain, c'est bien sûr la relation à notre semblable. Médecins et psychologues ne cessent de nous prodiguer leur aide dans ce domaine.

Avec son concept psychanalytique qui traverse le temps, Sigmund Freud, le pionnier, nous montre à la fois la complexité de notre inconscient, les difficultés de ce rapport à l'autre et la voie de notre liberté intérieure.

Dans ce même esprit, mais au niveau du conscient, son confrère Eric Berne, lui, nous éclaire sur le fonctionnement de notre personnalité, pour nous permettre d'améliorer nos échanges, par le biais de l'Analyse Transactionnelle. Quand on sait l'importance du facteur émotionnel dans le dialogue, il nous semble judicieux de poursuivre la visite de ce pertinent modèle de communication, au fil du présent chapitre.

Nous pourrons constater combien l'acte de parole est impliquant et engage notre affectivité. Combien aussi, à travers le langage, être reconnu d'autrui nous est nécessaire. Combien enfin il est important de bien « gérer » cette reconnaissance, tout simplement pour mieux vivre.

1. L'être en relation

a) Moi

Il était indispensable de commencer notre étude par une approche de la physiologie des émotions et des sentiments.

Cette exploration nous a notamment permis de constater que nos « ressentis » assument une véritable fonction énergétique, tant au plan physique que psychique. Ce sont bien eux qui nous motivent et nous font agir, soit en nous propulsant, soit en nous freinant. L'amour, la joie, la colère et leurs dérivés me poussent en avant ; la peur, la tristesse et leurs correspondants sentimentaux me stoppent dans mes élans. Quel est l'agent déclenchant de ces réactions affectives ? Le plus souvent, les comportements de mon semblable, bien sûr. Autrement dit de l'« autre », de cet autre Moi, cet autre animal social (et pas forcément sociable !) vers qui je suis irrésistiblement entraîné, par nécessité biologique et grégaire… même si je n'ai pas toujours envie de le fréquenter !

L'Analyse Transactionnelle, que nous avons mentionnée plus haut à plusieurs reprises, nous est encore utile ici pour définir et examiner ce Moi en action. Le psychiatre américain Eric Berne, concepteur de ce modèle de communication au retentissement mondial, né dans les années 1950, postule que notre personnalité d'homme et de femme est précisément composée de trois « états du Moi », le Parent, l'Adulte et l'Enfant (qui ne désignent pas trois personnes mais, avec une majuscule, leur image et leur spécificité). De la sorte :

- ***Le Parent :*** constitué par nos représentations parentales, enregistre l'« appris » (autorité, protection, valeurs, principes).
- ***L'Adulte :*** formé de pensées rationnelles, accumule le « réfléchi » (information, expérience, langage, logique).
- ***L'Enfant :*** imprégné de « pensée magique », assimile le « ressenti » (émotions, sentiments, intuition, créativité).

Avec ces trois « agents de communication », nous disposons donc d'un système cohérent d'enregistrement qui nous permet de réagir au monde et aux autres. Ces réactions nous sont précisément dictées par la spécificité même de chaque « état » du trio, à savoir, respectivement : culture, raisonnement, sensibilité. Cette dernière, émanant de l'état du Moi « Enfant », nous intéresse particulièrement, à l'évidence.

Élaboré à partir de la trilogie freudienne du Moi (conscient), Surmoi (pression sociale) et « Ça » (inconscient), le concept bernien est totalement centré sur le premier nommé. Ainsi, quand le modèle psychanalytique forme une construction théorique, l'articulation Parent-Adulte-Enfant, elle, compose ce que Berne appelle une réalité phénoménologique, vue ici et maintenant. l'« A. T. », simple et imagée, est certainement le modèle qui explique le mieux la psychologie humaine. D'où son succès !

b) Toi

Par « réalité phénoménologique », Berne entend les comportements observables induits par nos états du Moi. Subtil observateur lui-même, il s'est aperçu que, excepté l'état Adulte, qui apparaît telle une unité pleine, entière et rationnelle, les deux autres états révèlent des subdivisions, empreintes de subjectivité et typiquement missionnées, à savoir :

- Deux parties pour l'état Parent : ***Parent critique*** (domination, répression) et ***Parent nourricier*** (bienveillance, partage).

- Quatre « sous-états » pour l'état Enfant : ***Enfant adapté soumis*** (soumission, obéissance), ***Enfant adapté rebelle*** (rébellion, opposition), ***Petit professeur*** (prescience, invention), ***Enfant libre*** (spontanéité, plaisir).

Nous remarquons que Berne a qualifié ces états et sous-états d'appellations réalistes et pratiques. Le terme « adapté » signifie pour lui l'évolution d'un sujet dans la norme sociale. Il indique donc que nous sommes équipés pour dominer et « subir » l'autre, pour lui résister, mais aussi pour l'accepter et partager. Pour, en quelque sorte, que le Moi prenne en compte le « Toi ». Bref, pour être mutuellement sensibilisés, émus.

Au vrai, nos trois états du Moi, se mettent donc… en sept ! Nous passons de l'un à l'autre très facilement au fil d'une même journée, sans vraiment nous en rendre compte. Témoins ces sept exemples qui nous montrent que :

Vous êtes « branché » sur :

- ***Votre Parent critique :*** quand vous jugez ridicules et dangereux ces jeunes gens qui circulent en rollers à toute vitesse sur les trottoirs.
- ***Votre Parent nourricier :*** quand vous vous approchez d'un non-voyant en difficulté et lui proposez votre aide pour traverser la rue.

Vous êtes « dans » :

- ***Votre Adulte :*** lorsque vous contrôlez la qualité de vos lunettes spéciales et les ajustez sur vos yeux pour admirer une éclipse de soleil.

Vos réactions sont « dictées » par :

- ***Votre Enfant adapté soumis :*** lorsque, en voiture, vous reconnaissez avoir grillé un feu rouge et recevez la contravention infligée par le policier.
- ***Votre Enfant adapté rebelle :*** si vous vous présentez au guichet de votre perception pour refuser de payer un redressement fiscal jugé indu.
- ***Votre Petit professeur (ou Petit inventeur) :*** quand vous proposez à vos voisins d'organiser un pique-nique en forêt pour mieux vous connaître.
- ***Votre Enfant libre :*** lorsque vous partez seul et nostalgique dans la campagne pour photographier la ferme où ont vécu vos grands-parents.

Nous constatons par le biais de l'Analyse Transactionnelle et avec ces exemples du quotidien combien notre vie est tournée vers l'autre et, que nous le voulions ou non, passe par lui, conjuguée au passé, présent et futur. Même si mon Moi manifeste son besoin d'indépendance, d'autonomie et de séparation, il ne peut se passer… de Toi !

c) Nous

Êtres de compagnie, nous sommes donc, si l'on peut dire, « destinés » à vivre ensemble. Certains pessimistes diront « condamnés » !

La structure familiale est évidemment le premier espace, en milieu protégé, où nous apprenons et éprouvons cette cohabitation initiatique. Là, en effet, au cours de l'observation environnementale après la naissance, s'édifie notre état Enfant, puis avec l'apparition du langage se forme notre état Adulte, et enfin s'élabore notre état Parent, par imitation de nos parents biologiques ou substitutifs. De la sorte, vers la septième année entre en scène notre Moi complet, totalement opérationnel. C'est à partir de cette « expérience interne » à la maison – et de sa réussite ou de son échec – que nous abordons l'« expérience externe », le dehors, autrement dit la société des hommes. C'est au contact de celle-ci que nous mettons vraiment nos états du Moi conscient à l'épreuve des faits. Culture, raisonnement, sensibilité, à vous de jouer !

« Tout le malheur des hommes vient d'une seule chose, qui est de ne savoir pas demeurer au repos, dans une chambre », a dit le philosophe Blaise Pascal. Au-delà de la boutade, le propos mérite d'être considéré. Force est de reconnaître que, entre nos périodes de sommeil, les journées peuvent être rudes, du fait même d'un inévitable « frottement » aux autres, souvent pénible ! Tout le monde n'est pas toujours beau, ni gentil !

Le problème humain permanent est moins la coexistence avec la nature, aux réactions de mieux en mieux prévisibles, qu'avec son semblable, aux conduites fréquemment inattendues ! Si je suis un être unique… je ne suis pas tout seul ! L'« autre » me le rappelle sans cesse au gré de deux aspects sociaux, inéluctables, qui demandent générosité et sagesse.

- ***Le territoire :*** dès que je sors de chez moi – après un séjour limité dans la salle de bains, famille oblige – cet autre est encore présent et restreint mes mouvements. L'escalier, l'ascenseur, le trottoir, la rue, la route, le bureau, l'atelier, les lieux publics, l'espace aérien et maritime… sont aussi son domaine. Je dois donc composer avec lui pour leur usage et respecter des codes établis. Ma liberté s'arrête où commence la sienne.

- ***La compétition :*** curieusement, l'autre veut tout faire à mon image ! Travailler comme moi, manger ce que j'aime, vivre où je suis, etc. Et je l'imite en retour ! Résultat : il n'y a pas assez d'emplois, de nourriture, de logements. Nous convoitons la place d'autrui jusqu'à chercher à l'éliminer, quand il convient de partager. C'est cette mentalité égocentriste qui crée la notion de gagnant et de perdant, par le biais de notre perverse invention, l'argent. Alors qu'il ne s'agit pas de vivre contre l'autre mais avec !

EXERCICE N° 10

Écoutez vos états du Moi

➠ Vérifiez le postulat d'Eric Berne en vous centrant sur vos états du Moi. Isolez-vous au calme et rappelez-vous des dialogues récents où sont intervenus vos Parent, Adulte et Enfant. Écoutez leur voix et leur discours. Notez le contenu de ce dernier.

2. L'échange

Notre propos n'est certes pas de vouloir changer le monde ! Encore moins de prétendre transformer cet autre, avec qui il faut vivre. En revanche, je peux tout à fait le regarder autrement. Oui :

✦ Il est mon ***miroir*** **:** il est donc le témoin indispensable de mon existence.
✦ Il est mon ***censeur*** **:** j'ai besoin de ses gratifications et de ses blâmes.
✦ C'est mon ***concurrent*** **:** sa rivalité m'est utile pour stimuler ma créativité.
✦ C'est mon ***partenaire*** **:** il m'est précieux pour toute œuvre en commun.

Si je suis bien conscient de ces quatre paramètres, je n'ai pas à me comparer à lui, en termes d'intimidation ou d'effacement. Il ne m'est ni inférieur ni supérieur. Je ne suis ni moins bien, ni mieux que lui. Nous sommes naturellement complémentaires, dans le cadre de nos compétences. Quand existe une hiérarchie, elle doit être un outil, pas une arme. De la sorte, à ses côtés, c'est mon être qui agit, non le paraître.

Alors peut commencer le dialogue. C'est-à-dire la « transaction », au sens où l'entend précisément en anglais l'Analyse Transactionnelle, qui en a tiré son appellation : l'« unité de communication », composée d'une sollicitation et d'une réponse entre deux interlocuteurs.

En tant que méthode d'observation des échanges interpersonnels, l'Analyse Transactionnelle a judicieusement repéré que nos transactions (qui n'ont pas ici le sens d'opérations commerciales !) pouvaient être de trois types – avec chacun deux modes opératoires – que nous allons examiner :

- La ***transaction simple*** (parallèle ou croisée).
- La ***transaction double*** (cachée ou angulaire).
- La ***transaction de redéfinition*** (bloquante ou tangentielle).

Berne a eu l'idée lumineuse de les conceptualiser sur des diagrammes, à partir de la symbolisation des états du Moi en trois cercles solidaires superposés.

Ceux-ci représentent le Parent, l'Adulte et l'Enfant, tels des engrenages en mouvement.

a) La transaction simple

Voyons les combinaisons de la transaction simple avec ces exemples :

Un passager et sa voisine conversent en avion :

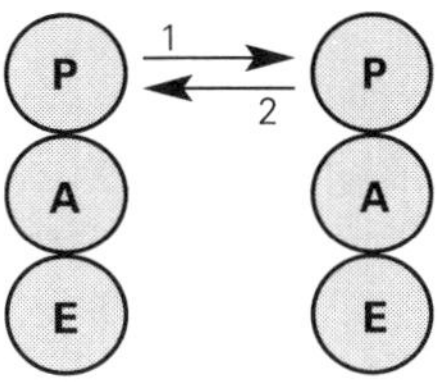

Le Parent critique interpelle son homologue :

– L'avion, c'est pratique, mais le problème, c'est les retards !
– Finalement, vive le train !

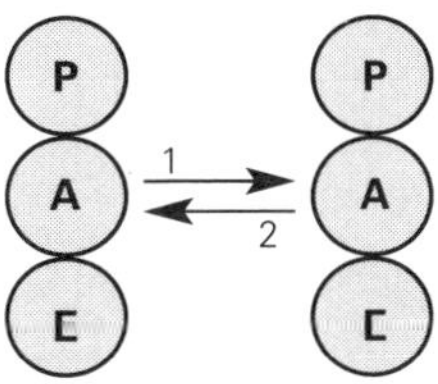

L'Adulte se renseigne auprès de l'autre Adulte :

– À quelle heure arriverons-nous à Lyon à votre avis ?
– À 18 heures 30 environ.

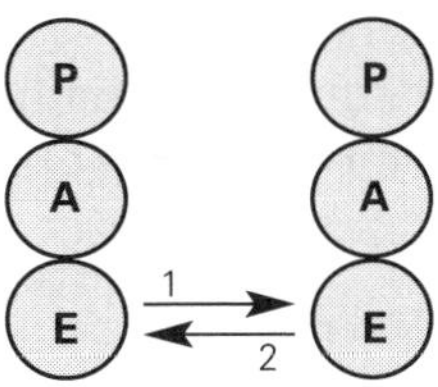

L'Enfant « accroche » l'autre Enfant :

– Notre hôtesse est vraiment aimable et séduisante !
– Le steward n'est pas mal non plus !

Transaction parallèle, ou complémentaire
(communication sans rupture)

Propos de bistrot :

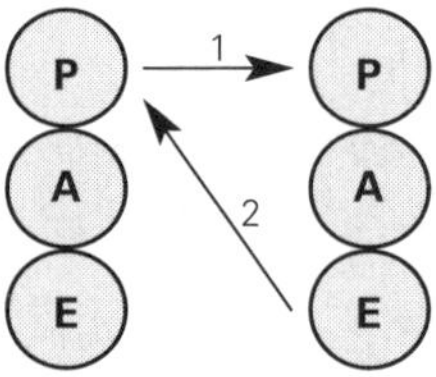

Un Parent reçoit une réponse d'un état du Moi inattendu :

– Les politiciens sont tous pourris !
– Comme les fruits cet été !

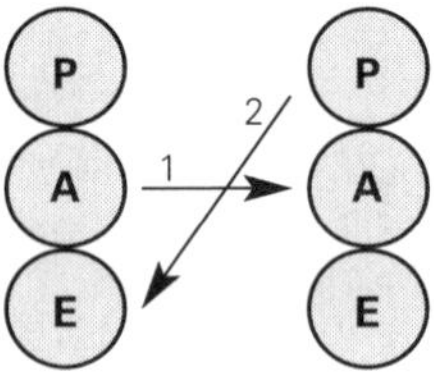

Un Adulte reçoit aussi une réponse dissymétrique :

– Quelle heure est-il ?
– L'heure de régler nos comptes !

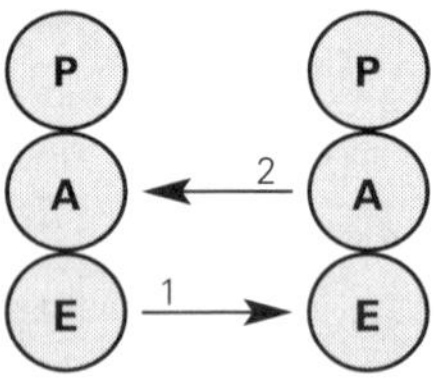

Un Enfant est à son tour « parasité » :

– Garçon, la soustraction !
– Je ne comprends pas !

Transaction croisée

(communication interférée par un autre état du Moi)

On le voit très bien dans les transactions simples ci-dessus : même si les affects siègent naturellement dans l'état du Moi Enfant, ils existent en filigrane dans tous nos propos. Ceux-ci, fussent-ils prononcés par les seuls états Parent et Adulte, sont néanmoins presque toujours porteurs de nos émotions de base ou de leurs dérivés.

Pour la bonne raison que nos états du Moi communiquent entre eux. S'ils s'entendent bien, je vis en harmonie avec moi-même. S'ils sont en désaccord, c'est que, par exemple, mon Parent critique prend le pas sur ses « collègues » et m'impose des préjugés (« les étrangers mangent notre pain ! »). C'est que – autres situations – mon Adulte, seul aux commandes, fait de moi un bourreau de travail (« mes journées sont trop courtes ! ») ou mon Enfant libre, envahissant, m'entraîne dans une vie de bohème permanente (« faire la fête avec les copains, pour moi ya que ça de vrai ! »).

Dans ma relation aux autres, la transaction parallèle me fait prendre peu de risque car elle n'engage pas une grande affectivité. Certes, cette dernière intervient un peu plus dans la transaction croisée, avec des réponses surprenantes, qui peuvent parfois troubler les interlocuteurs. Mais ces reparties, s'appuyant souvent sur un effet humoristique, permettent le rebond, donc la poursuite directe de l'échange.

b) La transaction double

Il n'en est pas de même pour la transaction double qui fait intervenir simultanément plusieurs états du Moi chez les interlocuteurs et permet des sous-entendus. Qu'elle s'effectue sur le mode caché ou angulaire, comme nous allons le voir, cette transaction joue ainsi à deux niveaux.

- Au ***niveau social,*** qui donne à entendre une conversation « normale ».
- Au ***niveau psychologique,*** où apparaît un échange équivoque.

Dans ce contexte, c'est non ce qui est dit qui compte vraiment… mais bien plus ce qui est compris. Et là, le facteur émotionnel joue à plein ! Observons les « finesses » de la transaction double.

Deux pensionnaires sont voisins de table à « l'Hôtel de la plage » :
leurs Adultes échangent des informations très claires.
En fait, leurs Enfants se sollicitent…

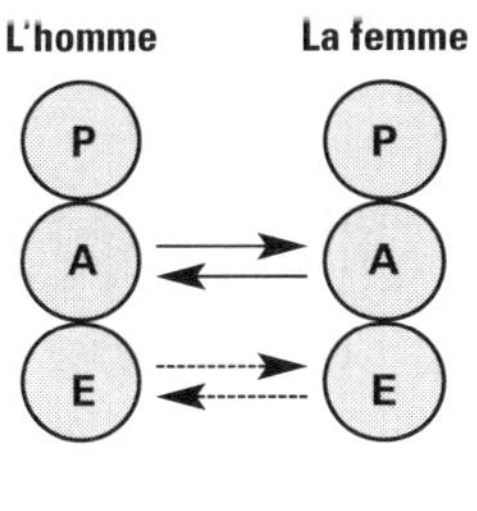

Niveau social :
– L'homme : « Aujourd'hui, avec cette pluie, c'est un temps pour aller se balader en voiture ! »
La femme : « Vous avez raison, un circuit dans l'arrière-pays doit être très agréable ! »

Niveau psychologique :
– L'homme : « Ça vous dirait de venir vous promener avec moi dans ma voiture ? »
La femme : « Oui, bien sûr, et je serai heureuse de mieux faire votre connaissance ! »

Transaction cachée, ou « duplex »
(communication à double niveau, social et psychologique)

Un concessionnaire automobile et son client dans le hall d'exposition :

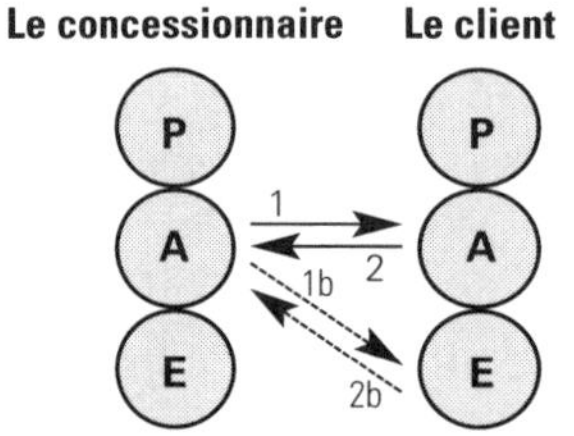

Dialogue :
– Le concessionnaire : « Cette voiture est superbe, mais elle s'adresse surtout à des chefs d'entreprise ! »
– Le client : « Elle m'intéresse, je veux l'essayer ! »

Sous-entendu :
– Le concessionnaire (manipulateur) : « Cette voiture est certainement bien trop chère pour vous ! »
Le client (manipulé) : « Il me prend pour un type sans moyens, celui-là ! Je vais lui faire voir qui je suis ! Je l'achète cette voiture ! »

Transaction angulaire, ou « transaction du vendeur »
(communication d'un état du Moi vers deux autres)

« Le langage est le lieu même du malentendu », dit Saint-Exupéry. Il est aussi celui du sous-entendu, pouvons-nous dire après l'étude de la transaction double. À tel point qu'elle est aussi appelée transaction à double fond, expression qui marque bien son « action souterraine ». Peut-on en désapprouver l'emploi ? Nous dirons non, quand elle procure aux « utilisateurs » de délicieux frissons émotionnels, notamment avec la promesse d'une idylle… Nous dirons oui, quand l'« émetteur » se sert du mécanisme de cette transaction pour jouer avec les sentiments du « récepteur », et finalement le manipuler, voire le tromper gravement !

c) La transaction de redéfinition

Une autre forme de manipulation intervient également avec la transaction de redéfinition. Ce terme curieux indique que l'un des interlocuteurs introduit dans le dialogue sa « lecture » présente de la réalité, qu'il transforme, en quelque sorte, qu'il « redéfinit » à sa manière, soit en répondant par une autre question ou en jouant sur les mots (transaction bloquante), soit en déplaçant le sujet (transaction tangentielle). Ainsi il se dérobe, le plus souvent parce que la question posée ou le dialogue engagé l'embarrassent.

La transaction de redéfinition désigne donc un échange parasité par une réponse « à côté de la question ». Cette technique de défense permet aussi de ne pas s'engager émotionnellement. Exemples :

Pierre et Paul jouent sur les mots après le dîner :

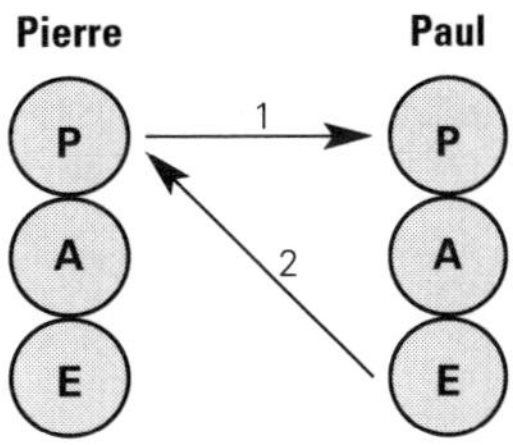

– Pierre : « Aujourd'hui, il faut être malhonnête pour réussir ! »
– Paul : « Qu'est-ce que la malhonnêteté ? »

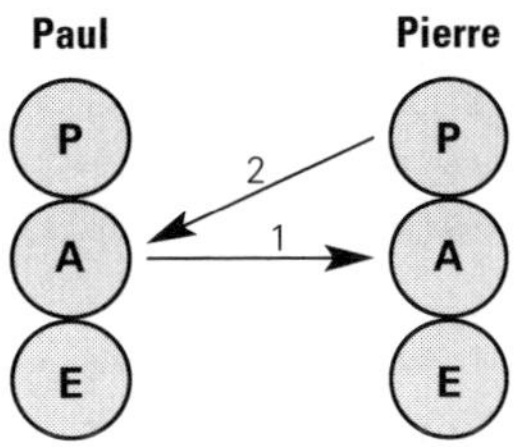

– Paul : « Toutes les grandes découvertes se font par hasard ! »
– Pierre : « Il n'y a pas de hasard, il n'y a que des circonstances ! »

Transaction bloquante
(communication interrompue)

À la banque, le guichetier et la cliente ont du mal à se comprendre :

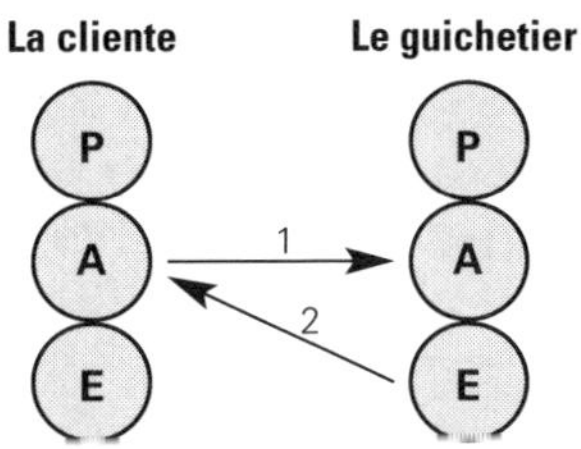

– La cliente : « Est-ce que je peux libeller des chèques en euros ? »
– Le guichetier : « Le franc est une si belle monnaie ! »

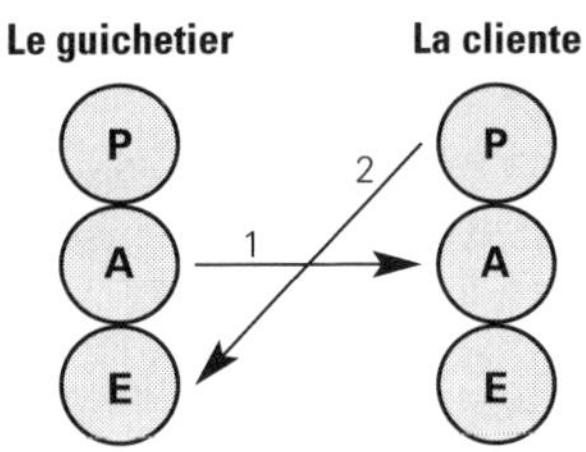

– Le guichetier : « Vous voulez des grosses ou des petites coupures ? »
– La cliente : « L'argent ne fait pas le bonheur ! »

Transaction tangentielle
(communication déviée)

Exercice n° 11

Analysez votre communication

➠ En tant qu'animaux sociaux, nous avons besoin d'échanger avec les autres, c'est-à-dire de communiquer avec des paroles, des regards, des gestes, des contacts physiques, des écrits, etc. Quel est votre mode de communication favori ? Pourquoi ?

➠ La « transaction » est « un aller et retour » complet entre deux ou plusieurs personnes, lequel s'établit sur plusieurs modes. Quel type de transaction vous satisfait le plus au plan émotionnel ? Pourquoi ? Quel état du Moi privilégiez-vous lors de vos transactions ?

➠ Pensez-vous devoir modifier vos « habitudes transactionnelles » ? Si oui, lesquelles ?

3. Les signes de reconnaissance

a) Les stimulations inconditionnelles

Pourquoi établissons-nous des transactions avec les autres, pourquoi éprouvons-nous cette envie impérieuse de communiquer, c'est-à-dire d'échanger ? Parce que dès notre venue au monde, nous avons besoin, comme de l'indispensable nourriture, de l'attention et de la considération d'autrui, et à travers ce « retour », de sa reconnaissance.

Être reconnu, en tant que bébé puis enfant, c'est recevoir de nos parents, de leurs substituts ou de l'entourage, paroles, étreintes, baisers, caresses, sourires. Être reconnu, en tant qu'adolescent puis adulte, c'est recevoir de nos semblables en général, en plus du rapport tactile toujours apprécié, ce que l'on peut appeler des « gratifications sociales ». À titre, par exemple, de compliments – mais aussi de reproches – qu'ils soient verbaux ou écrits, qu'ils impliquent le geste ou le regard. « Tu m'interpelles, donc je suis ! » : le contact avec l'autre, tel est bien notre quête permanente, consciente ou non.

Ainsi cet autre – notre réplique – nous est nécessaire, non seulement pour nous assister au besoin, mais pour nous donner, dans sa fonction même de miroir, l'indispensable sentiment de notre existence.

Nous devons au psychologue américain Claude Steiner, collègue d'Eric Berne, le repérage et la classification de nos besoins de ces « signes de reconnaissance » en deux groupes qui forment quatre catégories : les *stimulations inconditionnelles* (positives et négatives) et les *stimulations conditionnelles* (positives et négatives). Les Américains qualifient ces stimuli de *strokes* (que l'on peut traduire par « stimulations »).

- ***Les stimulations inconditionnelles positives :*** vous êtes évidemment touché(e) quand un proche vous dit spontanément et avec toute sa sincérité : «Tu es vraiment quelqu'un de bien!» Et quand vous écrivez à votre partenaire : «Chaque jour, je t'apprécie davantage!» il (elle) est évidemment ravi(e). Parce que vos trois états du Moi sont comblés en même temps, tout comme ceux de votre ami(e) sont pleinement valorisés. La personne ainsi «stimulée» est reconnue pour ce qu'elle est, totalement et sans réserve aucune.

- ***Les stimulations inconditionnelles négatives :*** «Tu es bon à rien et mauvais en tout», «Quel gros nul tu fais!», «Ta naissance est une erreur!», autant d'invectives qui, même voulues humoristiques, sont loin d'être neutres. Dans une famille, surnommer un enfant «trop tôt venu» ou «sans toi on ferait» constitue un acte traumatisant pouvant affecter un individu, parfois à vie. Partant, méfions-nous de l'emploi de cette violence verbale : elle aboutit à des signes de reconnaissance qui sont souvent reçus comme de véritables signes de mépris!

b) Les stimulations conditionnelles

Dans les années 1950, René Spitz[1], contemporain d'Eric Berne, a remarquablement mis en évidence l'importance des stimulations.

L'observation suivie en milieu hospitalier de nouveau-nés jumeaux lui a permis de découvrir que si un nourrisson est privé de marques d'affection parentale et de l'attention du personnel soignant, il dépérit très vite. En revanche, celui qui reçoit de son entourage les témoignages verbaux et gestuels de reconnaissance s'épanouit visiblement. Rassurez-vous, l'expérimentateur n'a opéré une telle « mise à l'écart » des bébés en cause qu'en exerçant une stricte surveillance et pendant de courts laps de temps ! Cette réaction défavorable au manque de

1. Psychanalyste américain.

caresses, baisers et autres paroles aimantes a reçu le nom de « syndrome de l'hospitalisme ».

C'est clair, ces stimulations, réclamées dès la naissance, sont indispensables au déroulement harmonieux de notre existence. Leur absence peut précisément aller jusqu'à compromettre la vie de certains sujets, au berceau nous venons de le voir, mais aussi pendant l'enfance, l'adolescence et à l'état adulte. Ce véritable « état de manque » par carence stimulative est donc à même de se manifester à tous les âges de la vie. L'« autre » – notre stimulateur permanent – fait bel et bien partie du fonctionnement de notre système émotionnel !

Nous avons tellement besoin de ces signes de reconnaissance pour, en quelque sorte, nous « sentir exister », que nous les acceptons même lorsqu'ils sont « partiels », c'est-à-dire lorsque le regard de l'autre ne se pose que sur une partie de notre personne ou de nos activités. Et que de la même façon notre propre regard « fragmente » notre semblable. Les deux autres formes de stimulations précitées apparaissent alors :

- ***Les stimulations conditionnelles positives :*** quand votre chef de bureau vous dit : « J'apprécie vos connaissances informatiques et votre façon de les transmettre à vos collègues », il ne vous parle que de votre savoir-faire, mais ce compliment vous va droit au cœur. Lorsqu'un de vos amis se révèle être un extraordinaire amuseur en voyage, vous êtes heureux de lui déclarer... même si vous n'aimez pas ses vêtements : « Tu es un animateur formidable, tu as raté ta vocation ! » Ici, l'informaticien et l'animateur sont juste reconnus pour ce qu'ils font.

- ***Les stimulations conditionnelles négatives :*** « Tu es capable de faire 100 km à bicyclette, mais ta selle est trop basse et tu te fatigues inutilement ! » Vous recevez là d'un spécialiste à la fois compliment et reproche, mais ils vous conviennent, puisque assortis d'un conseil technique. « Super, tes photographies en noir et blanc, mais pourquoi ne prends-tu que des paysages ? » lancez-vous à votre copain... d'une façon un peu restrictive, avouez-le ! Attention aussi à ce type de stimulation. Il peut contenir quelque suffisance et même de la jalousie !

c) Donner et recevoir

Ce concept des quatre modes de stimulations a été formalisé par Claude Steiner, psychologue et disciple d'Eric Berne. Nous pouvons le résumer très simplement dans le tableau synoptique ci-dessous :

Stimulations	**Inconditionnelles**	**Conditionnelles**
Positives	Tu es extraordinaire !	Vous avez une belle voix !
Négatives	Je ne vous aime pas !	Tu chantes faux !

Ces stimulations indispensables, que l'on pourrait qualifier de « nutriment de notre psychisme », nous renvoient à une réflexion individuelle. Si, à l'évidence, nous avons besoin de la reconnaissance de l'autre, il ne s'agit pas non plus d'en être esclave !

Que ne feraient pas certains d'entre nous pour plaire, pour « se faire aimer » ? Combien de gens, par exemple, se dirigent vers les métiers du spectacle précisément pour obtenir, bien avant l'argent, ces précieuses « rations » stimulatives, sous forme d'applaudissements et de compliments divers après leur prestation. Et, acquérir si possible, la célébrité, pour trouver dans le « regard médiatique » des bravos permanents !

Or, avoir conscience de l'utilité des signes de reconnaissance – à recevoir et donc à donner – est une chose, et décider de ne pas être totalement dépendant de cette « réception-distribution » en est une autre.

Claude Steiner a observé dans sa pratique qu'une « prise de distance » dans nos rapports humains est tout à fait possible du fait de la réalité d'une véritable « économie des signes de reconnaissance ». À savoir que si nous pouvons donner et recevoir, nous pouvons aussi demander, refuser ou encore nous donner à nous-même lesdites stimulations.

Nous ne « gérons » pas forcément bien ces trois dernières stimulations, souvent en raison même d'une éducation à base d'interdits, où la religion n'est pas étrangère. Nous avons ainsi pu prendre l'habitude, au fil des générations, de taire nos désirs, de faire d'abord plaisir aux autres et, ainsi en quelque sorte, d'oublier notre propre personne. Que d'émotions étouffées, que de sentiments de « mal-être », quand on ne se donne pas la permission d'une auto-écoute et d'être présent à soi-même ! Voyons la différence entre une mauvaise et une bonne gestion de ces stimulations :

Jo donne tout son temps à son patron dont il reçoit avec délice les félicitations. Il ne demande jamais d'augmentation et ne sait pas refuser un service. Il s'ennuie en vacances avec sa femme… qui vient de le quitter !

Après son travail, Stéphanie visite souvent des personnes âgées qui lui rendent bien son affection. Au cours de dessin, elle sollicite l'avis objectif du professeur sur ses croquis et refuse d'être flattée par ses copines. Le soir, elle adore s'isoler et écouter de la musique classique.

EXERCICE N° 12

Faites le point sur vos stimulations

➠ Quel type de stimulations échangez-vous le plus et le moins ? En êtes-vous satisfait ?
Sinon, que pensez-vous devoir modifier dans votre contact avec les autres ?

➠ Entre donner, recevoir, demander, refuser et vous donner, votre « budget » est-il bien équilibré ? Quelles émotions cette « économie stimulative » vous procure-t-elle ?

En bref

➢ Nos ressentis assument dans notre organisme une véritable fonction énergétique.

➢ L'Analyse Transactionnelle postule que notre personnalité est composée de trois «états du Moi» : le Parent, l'Adulte, l'Enfant, qui sont nos «agents de communication».

➢ Ce «système d'enregistrement» implique notre culture, raisonnement, et sensibilité.

➢ Cette articulation révèle une réalité phénoménologique : nous sommes équipés pour dominer et «subir» l'autre, mais aussi pour lui résister, l'accepter et partager.

➢ En quelque sorte notre «Moi» peut être sensibilisé et ému par le «Toi» et le «Nous».

➢ «Êtres de compagnie», nous sommes grégaires et donc destinés à vivre ensemble.

➢ Nous sommes ainsi confrontés aux notions de «territoire» et de «compétition» qui entraînent des aspects sociaux : il s'agit de vivre non contre l'autre mais avec lui.

➢ L'autre est à la fois mon miroir, censeur, concurrent et partenaire. Il ne convient donc pas de se comparer à lui en termes d'intimidation, mais de complémentarité.

➢ Quand c'est l'être qui agit et non le paraître, alors peut commencer le dialogue.

➢ La sollicitation et la réponse entre deux interlocuteurs constituent une transaction, c'est-à-dire l'«unité de communication», telle que l'entend l'Analyse Transactionnelle.

➢ Les échanges interpersonnels, vus par l'« A. T. », révèlent qu'il existe trois formes de transactions : la transaction simple (parallèle ou croisée), la transaction double (cachée ou angulaire) et la transaction de redéfinition (bloquante ou tangentielle).

➢ Ces trois types de transactions montrent respectivement que la communication peut être sans rupture, interférée par un autre état du Moi, à double niveau ou dirigée d'un état du Moi vers deux autres. Elles sont porteuses de nos émotions.

➢ Nous établissons des transactions à la fois pour communiquer et parce que nous avons besoin, comme de nourriture, de l'attention et de la reconnaissance d'autrui.

➢ Être reconnu, en tant qu'enfant, c'est recevoir paroles, étreintes, baisers, caresses, sourires. Être reconnu, en tant qu'adulte, c'est recevoir des « gratifications sociales ».

➢ Ces marques d'attention sont appelées « signes de reconnaissance » par l'« A. T. ».

➢ Elles se divisent en quatre types de stimulations : les stimulations inconditionnelles (positives et négatives) et les stimulations conditionnelles (positives et négatives).

➢ Les stimulations inconditionnelles reconnaissent l'individu pour ce qu'il est.

➢ Les stimulations conditionnelles ne reconnaissent la personne que partiellement.

➢ Il existe une véritable « économie des signes de reconnaissance » qui consiste à donner et recevoir, mais aussi à demander, refuser, et donner à soi-même.

CHAPITRE V

Le temps

Qu'est-ce que le temps ? Qu'est-ce que ce « fluide » dans lequel nous baignons et évoluons tout au long de notre vie ? À défaut de pouvoir vraiment répondre à la question, nous avons inventé la « durée » pour mesurer ce temps insaisissable.

Nous avons ensuite structuré ce temps en multiples séquences, pour nous activer, prendre soin de notre personne, et aussi établir des relations avec nos semblables. Elles nous ont permis de découvrir, après le temps du travail, ceux des loisirs, du sport, du rire.

Autant de périodes émotionnelles partagées, nécessaires à notre équilibre physique et psychique. Autant de moments qui forment le quotidien des générations et constituent le bonheur de vivre. À condition toutefois de ne pas chercher à accélérer ces temps avec des suractivités illusoires et stressantes !

Comment prendre le temps des choses et faire chaque chose en son temps ? Vous le saurez en parcourant sereinement ce chapitre.

1. La structuration du temps

a) Le temps relationnel

Le besoin de contacts sociaux, c'est-à-dire d'épreuves émotionnelles, nous conduit à découper notre temps, en fonction des stimuli que, consciemment ou inconsciemment, nous souhaitons donner et recevoir. Eric Berne a finement observé que ces séquences temporelles répétées peuvent même s'inscrire sur une « échelle affective », graduée en six stades croissants, du degré 0 des transactions jusqu'au *summum* de l'intensité relationnelle.

Ces stades sont, dans l'ordre :

➾ ***Le retrait :*** Céline est comédienne de théâtre. Après la représentation et les applaudissements du public, elle aime rester seule dans sa loge. Elle savoure ce temps autoprotégé, où elle ne se sent plus « en danger ».
Il ne faut pas confondre le retrait bienfaisant avec une solitude subie.

➾ ***Le rituel :*** Jean-Pierre est informaticien. Chaque matin, en arrivant au bureau, il se plaît à serrer la main de tous ses collègues du service. Cette convivialité lui donne l'énergie pour attaquer la journée... et les logiciels !
Le rituel, par définition prévisible et répétitif, est en soi très rassurant.

➾ ***Le passe-temps :*** Sidonie, Ludovic et Norbert sont étudiants en droit. Ils prennent le métro ensemble pour aller en fac et parlent « politique » pendant tout le trajet. Ils partagent la même passion, mais n'ont jamais le même avis !
Le passe-temps permet de « tuer le temps », comme son nom l'indique.

➾ ***L'activité :*** ces cinq amis ont monté un quintette de jazz. Ils se produisent le soir en cabaret, après leur travail. Ils ont ensuite de fructueux mais interminables dialogues avec le public... et du mal à se réveiller le matin !
Réaliser un objectif commun est très enrichissant au plan émotionnel.

➾ ***Le stratagème (ou jeu psychologique) :*** ce couple de nouveaux retraités passe son temps à se chamailler. Ils travaillaient tous les deux... et se découvrent. Chacun veut avoir raison au lieu de raisonner. Piéger l'autre est leur manière de faire connaissance !
Cette forme d'échange laisse l'impression pénible de « se faire avoir ».

➻ ***L'intimité :*** la petite Lauriane adore Pepsy, son jeune chat blanc. Celui-ci saute sur ses genoux dès qu'elle regarde la télévision. Et ils s'endorment souvent tous les deux, blottis l'un contre l'autre, avant la fin de l'émission.
L'authentique intimité est chose rare. Elle est synonyme de bonheur!

On le voit, il s'agit d'évoquer, non le temps, mais les temps de notre vie[1] !

b) Le temps corporel

Nous disions, au début du livre, que nos émotions sont comparables à des palpeurs. Pour agir, ces derniers ont besoin de « terminaisons » qui, au contact direct de la nature, jouent un rôle permanent d'agents de renseignements. Ne les oublions pas : ce sont nos cinq sens !

Comme nos ongles et nos dents, ils se sont émoussés au fil de l'histoire de l'Homme. Dès que les armes, les vêtements, les habitats, de plus en plus perfectionnés, nous ont permis de « baisser la garde », bref, dès qu'a augmenté notre confort... notre odorat et notre goût ont perdu en subtilité, notre ouïe s'est faite moins fine, notre vue moins perçante et notre toucher est devenu moins sûr. La rançon du progrès !

Pourtant, au début du XXIe siècle, nous sommes toujours équipés de ces cinq sens, qui ne demandent qu'à être réveillés !

➻ Fuyez dès que possible les fumées citadines et partez vous balader en forêt : vous y retrouverez toutes les délicieuses senteurs oubliées!

➻ Faites une exception de la cuisine surgelée (même si elle est pratique) et privilégiez les produits frais : vous réjouirez vos papilles gustatives!

➻ Retournez écouter les œuvres de Mozart en salle de concert : vous constaterez en rentrant combien sont «plats» vos disques laser!

➻ Éteignez votre lampe et allez vers la lumière solaire pour lire ce livre : vous verrez... comme votre vue est soudain bonne, même sans lunettes!

➻ Posez un instant le zappeur en plastique de votre téléviseur et caressez la corne d'un manche de couteau : vous sentez la différence?

1. Cf. *ABC de l'Analyse Transactionnelle* de Gilbert Garibal (Grancher ; 1999).

Cinq attitudes naturelles à répéter, cinq « temps à prendre », cinq occasions faciles aussi de recevoir de vos cinq sens revisités un bien-être physique et mental. Et de vous émouvoir avec des sensations saines. Qui dit fonctions externes, dit fonctions internes. Pour que notre corps puisse garder – grâce à des sens en état de marche – son contact avec le « dehors », il faut que le « dedans » soit l'objet de soins constants.

On s'étonnerait de voir un coureur de marathon prendre le départ avec sa valise de nourritures et de boissons ! Certains d'entre nous ressemblent pourtant à ce « sportif » en mangeant et buvant avec excès, aussi bien à table qu'entre les repas. Résultat : ils accusent un surpoids dangereux qu'ils doivent « trimballer » péniblement, tel un excédent de bagages, et qui les inquiète. Quant au tabac, souvent appelé en renfort pour diminuer l'appétit et l'anxiété, il ne fait qu'ajouter avec une assuétude, un trouble respiratoire aux ennuis gastriques !

De son côté, la télévision élargit quotidiennement notre vision du monde… mais raccourcit nos nuits ! Combien de gens se lèvent, hagards, après cinq heures de sommeil, alors qu'ils en auraient besoin de huit ! Regarder plutôt que voir, écouter au lieu d'entendre, ressentir mieux que sentir, manger et non « bouffer », dormir de préférence à somnoler, n'est-ce pas, en matière de sens… le bon sens, tout simplement !

c) Le temps psychique

Si le corps demande un entretien journalier pour bien fonctionner et manifester correctement ses émotions, il en est de même pour l'esprit. Lui aussi – tel un muscle – souhaite faire de l'exercice, afin d'optimiser son idéation, exprimer clairement ses ressentis, bien entretenir sa mémoire. Encore faut-il ne pas entraîner le cerveau dans une dépendance, notamment à l'alcool, la première des drogues en vente libre, et toutes les autres, « douces » ou « dures » ! Ces poisons procurent, on le sait, une euphorie trompeuse et une fausse impression de puissance, donc des émotions contrefaites. Plus grave, ils ôtent la liberté à leurs utilisateurs, tout en ruinant leur santé, quand ils ne les précipitent pas vers la mort.

Il n'est précisément de bon esprit, qu'un esprit libre, c'est-à-dire qui pense par lui-même, sans contraintes. Or, le XXe siècle, temps de la communication, nous a plongés dans une nouvelle forme d'accoutumance : l'information pré-pensée, pré-commentée, que nous recevons à domicile par l'image, en voiture par le son, dans la rue par l'affiche. Ce gavage audiovisuel subi – et souvent indigeste – nous rend évidemment réfractaire à la lecture réfléchie des journaux et magazines : remarquons que d'une manière générale, nous les survolons plus que nous les lisons vraiment – en dehors des gros titres – tant notre œil est attiré par le chatoiement des placards publicitaires ! Couleur oblige.

Il n'est pas étonnant que les livres, que l'on dit condamnés à moyen terme par les techniques audiovisuelles, trouvent eux aussi moins de lecteurs. Il faut bien entendu espérer que cette « disparition annoncée » s'avérera une fausse prédiction, et que nous allons nous ressaisir ! Il ne s'agit pas de rejeter le progrès et sa fille, la créativité – indispensables dans tellement de domaines – mais de les apprivoiser. C'est-à-dire de ne pas être esclave, en l'occurrence, de nos divers récepteurs électroniques.

Alors, sans revenir aux pleins et déliés de la plume « sergent-major » trempée dans l'encrier, nous pouvons conserver le goût de l'écriture manuscrite, avec un stylo à bille ! Non, écrire une lettre à un ami n'est pas une corvée, même à l'époque de l'Internet ! C'est au contraire, dans un temps offert, une satisfaction artisanale, qui allie l'esprit, la main et l'instrument d'écriture pour donner vie, avec les mots sur le papier, à cette rencontre à distance. Et aller poster la lettre garde tout son charme !

S'il est un autre plaisir dans l'univers des signes, c'est bien celui de la lecture d'un bon livre. Lorsque, page après page, ses personnages apparaissent sur l'écran de votre imaginaire et vous entraînent dans leurs aventures, la télévision ne peut pas rivaliser ! C'est le privilège de la « chose imprimée » que de faire rêver le lecteur, parfois même de transformer son émotion en réflexion, dans un temps personnel. C'est aussi la récompense de l'écrivain de savoir qu'il est lu quelque part, dans un train ou au coin du feu. Qui a pu penser que le livre allait disparaître ?

2. Le jeu

a) Les loisirs

Avec le temps social, le temps du corps, le temps de l'esprit, existe le temps spécifique du jeu. Oui, du jeu sous toutes ses formes (mis à part les «jeux psychologiques» évoqués plus haut), à l'image de ceux de notre enfance, que nous pratiquions dans la cour de récréation.

Sous prétexte que nous sommes passés des culottes courtes au costume de ville, et des socquettes aux collants, nous n'osons pas toujours nous risquer, adultes devenus, à taper dans un ballon ou sauter à la corde, lorsqu'un junior nous y invite ! Tout juste si nous acceptons avec lui une partie de «petits chevaux» ou même de «dames». Avec, issue d'un orgueil mal placé, la crainte de perdre !

Dommage, parce qu'à tout âge le jeu, en tant que distraction ou divertissement, tel que le définit le dictionnaire, reste une fonction humaine quasi physiologique, et une source de joies conséquentes, les plus variées. Ne serait-ce que pour explorer nos souvenirs et nous faire revivre les bonheurs de notre enfance. Nos amis chiens et chats, qui eux aussi aiment jouer, savent d'ailleurs nous le rappeler. «Allez, lance la balle dans le jardin !» vous suggère de son regard brillant ce bon Milou, qui sera tellement heureux de vous la rapporter ! Et de recommencer !

Parler de jeu, c'est directement évoquer le ou les loisirs (du latin *licere,* permettre), avec précisément la permission que ce mot contient, de se distraire, de s'amuser, pendant un temps libre. La «loi sur les 35 h», tant commentée, devrait avoir pour but premier de permettre à tous ses bénéficiaires de profiter de cette détente salutaire, après le travail. Comme le dit l'expression «avoir le loisir», c'est avoir le temps disponible pour sortir de l'habitude, pour faire quelque chose qui plaît.

Ainsi, vous pouvez prendre seul un loisir, en marchant dans la forêt, en écrivant ou en lisant, nous le disions plus haut. Ou il vous est… loisible – comme ce vocable dérivé l'indique – de partager une passion commune avec des copains, en partant avec eux faire cent kilomètres à vélo (ou seulement trente !), le dimanche matin. Autant de bonnes occasions pour libérer vos émotions, contenues toute la semaine.

Pascal est jardinier au parc municipal. Sa femme, Valérie, travaille à la Sécurité sociale. Dès qu'ils ont quelques jours de congé, ravis, ils partent en voiture avec William, leur fils, vers la maison familiale lotoise. Le père file à la pêche, sa passion, pour faire le vide… et rarement le plein de poissons ! Qu'importe ! Sur la rive, la mère tricote avec amour et pour l'hiver, le pull du petit. Et celui-ci s'impatiente, l'épuisette à la main. Quand ça ne mord pas, c'est souvent, il sort son jeu électronique. Puis le soir, contents et affamés, tous les trois vont dîner au restaurant !

Prendre des loisirs, c'est aussi goûter le bonheur des joies simples.

b) L'exercice physique

Regardez ce couple de coureurs à pied dans la rue :

Lui a la soixantaine grisonnante. Bien en chair, écarlate et ruisselant de sueur dans son survêtement bleu ciel, la bouche tordue par un rictus de douleur, il paraît soulever des semelles de plomb à chaque foulée. Elle a l'air plus jeune dans son jogging rose. Potelée, le visage rubicond, les yeux fixes, ses cheveux blonds en désordre, et visiblement asphyxiée, elle suit tant bien que mal son compagnon de route avec un lacet de ses « Adidas » dénoué, qui manque de la faire trébucher à chaque pas. Les automobilistes, freinant aux croisements pour les laisser passer, jettent un œil apitoyé à ces deux martyrs du macadam…

Nous voyons tous les jours ce navrant spectacle urbain de gens, manifestement pas préparés, qui courent sur les trottoirs et dans les gaz d'échappement, grimaçants, au bord de l'infarctus. Ils trottinent entre les voitures, les uns espérant maigrir, les autres croyant rester jeunes et dans le coup ! Tous pensent faire du sport, alors qu'ils sont carrément en train d'exécuter des travaux forcés. Qui saura les convaincre que dans ces conditions déplorables, non seulement ils ne perdent pas un gramme, mais que, surtout, ils risquent… gros !

Pendant ce temps-là les vrais « joggers », eux, s'oxygènent dans les bois et la campagne ! En ancien français, le jeu, l'amusement, la distraction en plein air correspondaient à pratiquer le « desport ». Les Anglais nous ont chipé ce mot pour le contracter en « sport » et grouper sous cette appellation générale les jeux de balles, boules et ballons qu'ils ont inventés (badminton, cricket, football, rugby…), puis organisés en compétitions. En valorisant cette notion de performance – donc de gagnants et de perdants –, le sport a ensuite désigné internationalement les disciplines physiques de toutes sortes, de l'athlétisme à la natation, du cyclisme à… la pétanque, sur les principes de règles précises et de précautions diverses, que ne respectent pas nos deux « faux sportifs » !

Pour notre part, nous voulons considérer ici le sport, dans la définition d'« expression corporelle » qu'il a aussi. C'est-à-dire sans esprit de compétition, si ce n'est la victoire répétée sur soi-même – en matière d'apprentissages et de développement personnel – que peut apporter l'exercice d'une activité physique. Celle-ci est une fenêtre ouverte sur un monde de sensations et d'émotions variées.

Danièle est très fière de ses progrès au golf. Elle lance beaucoup mieux ses balles, fait des parcours superbes et… s'aère chaque dimanche.

Au fil de ses randonnées en Bourgogne, Brice a affiné son intuition, sa vue, son odorat : il est devenu un expert reconnu en champignons.

Quel plaisir pour Maria-Corinne de s'adonner aux joies du jardinage près de sa maison. Quelle félicité de cueillir un matin sa première rose !

Nous sommes bâtis pour l'acte corporel. Notre tête l'oublie parfois !

c) Le rire, l'humour

Jouer, s'amuser, se distraire, c'est, dans le même temps et par définition, rire. Or, cette fonction organique et psychique, décrite il y a plus de deux mille ans comme le propre de l'homme par le philosophe Aristote, commence seulement à être reconnue… et prise au sérieux.

À l'évidence, le rire, en tant que « facteur émotionnel de bien-être », est bien de l'ordre du plaisir. Autrement dit de la faute, du péché, pour nombre de « bien-pensants » qui, partant, s'en privent, consciemment ou inconsciemment ! N'a-t-on pas écrit que Jésus ne riait jamais… ce que d'autres textes démentent formellement ? Il faut se rappeler ici que les bouffons des rois, personnages grotesques entretenus pour égayer la cour, étaient par ailleurs fort méprisés. De leur côté, les saltimbanques, ces acrobates farceurs du Moyen Âge, ont laissé après eux leur appellation devenue péjorative, pour dénommer artistes et comédiens. Ceux-là même qui, au théâtre et au cinéma, sont présentement adulés !

Notre sévère civilisation gréco-judéo-chrétienne ne savait pas que la science lui démontrerait un jour avec certitude l'utilité du rire et de la gaîté. Il n'y a guère qu'une vingtaine d'années que l'on connaît l'existence de l'endorphine, cette hormone sécrétée par l'hypothalamus, présentant les caractéristiques antalgiques et apaisantes de la morphine de synthèse. La recherche médicale nous dit aujourd'hui, preuves à l'appui, que le rire peut favoriser la sécrétion de cette endorphine, et donc bénéficier à l'organisme tout entier. En clair, une bonne « crise de rire » décontracte les muscles, ralentit les battements cardiaques, accroît l'amplitude respiratoire, abaisse la pression artérielle, favorise la digestion et dissout l'anxiété. Dès lors, pourquoi se refuser un tel bienfait naturel[2] !

Ce n'est pas un hasard si infirmières et médecins se déguisent en clowns dans les hôpitaux pour amuser, avec des sketches et chansons comiques, les enfants malades. Le rire participe bel et bien à leur thérapie. Ce n'est pas un effet de mode non plus, s'il existe maintenant de plus en plus de « séminaires du rire » où les animateurs décontrac-

---

2. Lire, du Dr Henri Rubinstein : *Psychosomatique du rire* (Laffont ; 1983).

tent avec des textes humoristiques et des situations drôles les participants stressés. Jusqu'à les conduire à l'hilarité contagieuse et au fou rire salutaire !

Roger et Jacqueline s'ennuyaient ferme dans les mariages familiaux. Du coup, ils ont eu l'idée de monter une troupe qui donne des spectacles en play-back. Maintenant, ils s'amusent beaucoup et sont très demandés par la famille et les amis.

Luc, chef des ventes, avait toujours le trac quand il présentait les résultats mensuels à ses vendeurs, souvent agressifs. Désormais, il assortit ses propos de bons mots. Ceux-ci lui permettent de faire ses remarques, tout en détendant l'assistance. Et lui avec !

Mieux vaut, régulièrement, se plier en deux que se mettre en boule !

3. L'organisation

a) Le désordre, l'ordre

Quand Philippe rentre chez lui, son désir immédiat est de s'allonger sur le canapé et de lire son courrier. Alors, il lance sa veste sur un fauteuil, ses chaussures dans un coin du salon et ses clefs sur la table basse. Après lecture, il empile son courrier sur celui des jours précédents et froisse les enveloppes qui roulent sur la moquette. Ranger, se dit-il, c'est une perte de temps ! Pourtant, régulièrement, son désordre lui coûte cher : son percepteur lui réclame 10 % de pénalités pour des impôts impayés, dont il a perdu la feuille ! Et il vient de rater un avion pour avoir balancé ses clefs de voiture dans le vide-ordures avec un tas d'enveloppes froissées. Philippe commence à songer qu'il devrait tout de même se corriger, plutôt que de vociférer contre la fiscalité et les compagnies aériennes… qui ne l'attendent pas !

Patricia est secrétaire… et volontiers paresseuse. Aussi, son organisation au bureau est très stricte ! Elle commence par la hiérarchisation journalière de ses tâches. Elle se poursuit par leur réali-

sation une par une et se termine par le classement des copies de courriers, chaque jour, dès leur expédition. Patricia peut de la sorte sortir à dix-sept heures pile et partir sereine… jouer au tennis !

C'est ainsi, l'esprit humain s'irrite à l'occasion d'activités improvisées ou dispersées et, au contraire, s'apaise lorsqu'elles sont ordonnées et bien exécutées, dans un délai normal, sans pression. Cette notion de début, de suivi, puis d'achèvement, en fait de « bouclage », est importante car elle induit, avec la satisfaction de soi, un sentiment délicieux d'accomplissement et de plénitude. La nature a horreur du vide, dit-on.

Dès l'invention de l'écriture par les Sumériens vers le IVe millénaire, l'homme a pu, en quelque sorte, « déposer sa mémoire », au fil du temps, d'abord gravée dans la pierre, ensuite tracée sur le papyrus, enfin sur le papier. Il a décrit sur ces supports sa vie quotidienne et, avec la multiplication de ses activités, s'est imposée à lui la nécessité d'y inscrire son emploi du temps, d'une part pour ne pas l'oublier, de l'autre pour l'ordonnancer. Ainsi est né l'agenda, vocable signifiant précisément en latin *choses à faire.* Ainsi est née l'organisation. Qui n'a pas aujourd'hui dans sa poche ou sur son bureau cet agenda, qu'il soit en papier ou électronique, pour noter ses tâches et ses rendez-vous successifs ?

Encore faut-il ne pas noircir ledit carnet d'un stylo fébrile, de multiples engagements, impossibles à tenir ! Encore faut-il ne pas croire qu'un « ordinateur de poche », parce qu'il enregistre plus de notes, permet de faire plus de choses ! Il peut vite devenir un stressant « désordinateur » !

b) Le retard, l'urgence

Cadran solaire, sablier, clepsydre, pendule, montre, chronographe… À défaut d'en pouvoir suspendre la course, l'homme a cherché très tôt à mesurer le temps, et à le matérialiser, en quelque sorte à l'« emprisonner ». Mais, même avec des instruments de plus en plus précis, de mieux en mieux lisibles, il n'a pu que graduer l'écoulement du temps. Pour simplement inventer, dans les limites de son cerveau, la durée terrestre.

Nous rythmons ainsi nos activités, pour en arriver, l'œil fixé sur notre montre-bracelet et les horloges rencontrées sur nos parcours précipités… à vouloir trop en faire ! Comme s'il nous était possible d'ajouter une heure, voire deux – et les remplir d'activités supplémentaires – aux vingt-quatre, que met inexorablement la terre pour tourner sur elle-même !

Au vrai, le temps qui fuit, comme de l'eau entre nos doigts, nous angoisse autant qu'il peut nous enchanter, au gré des moments de notre vie, et de leur intensité. Nos désirs, faits de nos contradictions, sont alors de tantôt ralentir, tantôt accélérer ce temps.

« Ô temps, suspends ton vol », s'écrit avec désespoir le poète Lamartine. « On compte les minutes qui nous restent à vivre, et l'on secoue notre sablier pour le hâter », lui répond finement son confrère Alfred de Vigny.

Notre jeu illusoire avec le temps nous conduit à deux phénomènes typiques de notre époque : le retard et l'urgence, tous deux grands pourvoyeurs d'émotions négatives qui sont à combattre.

- ***Vitesse… :*** parce que conditionnés à penser vite, à aller vite, à exécuter vite, pour soi-disant gagner du temps, quand ce n'est pas pour gagner ou faire gagner de l'argent, cette autre invention humaine aux effets pervers, nous avons tendance à « sprinter » pour réaliser les actes de notre vie. Résultat : un emploi du temps trop chargé nous voit souvent arriver essoufflé et juste à temps, ou carrément trop tard, à un rendez-vous, à la gare, à l'aéroport. Avec le sentiment d'échec qu'une telle cavalcade entraîne, quand on en rate l'objet.
  Le remède est connu : partir tranquille et à temps !

- ***… et précipitation :*** ce temps de la vitesse qui conduit à une suractivité néfaste exerce sur nous une véritable pression physique et psychique, comme s'il y avait une nécessité vitale à toutes les réalisations en cause, sur-le-champ. « Ça urge ! » (du latin *urgere,* pousser, presser) est le « cri de guerre » poussé dans les ateliers et les bureaux où, huit fois sur dix, la hâte exigée n'est qu'un réflexe ambiant. Les médecins connaissent bien cette réaction qui fait précisément dire par plaisanterie aux « urgentistes » du S.A.M.U., gens de sang-froid : « Il n'y a pas d'urgence, il n'y a que des gens pressés ! »

Seul le citron, devrait être pressé !

Exercice n° 13

Utilisez bien votre temps

Nous venons d'explorer trois grands domaines de l'utilisation temporelle :
- La **structuration** même de ce temps.
- La place accordée au **jeu.**
- L'importance de l'**organisation.**

➠ De quelle manière utilisez-vous vous-même votre temps? Que représente la notion de jeu pour vous? Comment êtes-vous organisé(e)?
Ce sont les trois thèmes que nous vous proposons d'explorer au cours de cet exercice.

La structuration du temps

Le temps relationnel : l'Analyse Transactionnelle postule que nous «découpons» notre temps en six séquences répétitives qui équivalent, de fait, aux six temps récurrents de notre vie.
Ce sont, rappelons-le : le retrait, le rituel, le passe-temps, l'activité, le stratagème (ou jeu psychologique) et l'intimité.

En considérant que le total de ces six temps représente la valeur 100 :
- Évaluez en pourcentage et sur une durée d'un mois vos six modes actuels de structuration du temps et observez ceux qui vous procurent le plus d'émotions et de sentiments.
- Déduisez les modes qui nécessitent que vous leur consacriez plus ou moins de temps, pour en rééquilibrer éventuellement l'emploi.
- Établissez une nouvelle distribution du temps positive correspondant à vos constatations.

Le temps corporel : pensez à l'utilisation de vos cinq sens. Quels sont ceux que vous utilisez le plus?

Le temps psychique : quelles sont vos satisfactions intellectuelles? Quelles sont vos réactions et habitudes vis-à-vis des médias? Comment préservez-vous votre libre arbitre?

Le jeu

Les loisirs : prenez-vous suffisamment de loisirs ? Lesquels ? Quelles émotions vous procurent-ils ? Pensez-vous devoir en prendre davantage ? Si oui, quand ?

L'exercice physique : pratiquez-vous un sport ou une « activité physique de détente ». Lesquels ? Pourquoi ? Quelles sensations éprouvez-vous pendant et après l'exercice ?

Le rire, l'humour : êtes-vous d'un tempérament rieur et aimez-vous la plaisanterie ? Si oui, évaluez votre temps de rire quotidien. Est-il suffisant, à votre avis ?

L'organisation

Le désordre, l'ordre : vous considérez-vous comme une personne organisée et « rangée » ? Sinon, quels inconvénients subissez-vous ? Que pensez-vous devoir modifier à ce point de vue dans votre vie ? Pensez-vous que votre agenda vous laisse suffisamment de temps libre ? Sinon, quels changements devez-vous opérer ?

Le retard, l'urgence : êtes-vous toujours ponctuel(le) ? Sinon, à quelles occasions êtes-vous en retard ? Pensez-vous être responsable de ces retards ? Si oui, étudiez le mécanisme qui les provoque. Accomplissez-vous vos tâches dans le calme ou dans l'urgence ? Dans le second cas, que ressentez-vous ?

En bref

➢ Le besoin de contacts sociaux, c'est-à-dire d'épreuves émotionnelles, nous conduit à «découper» notre temps, à la fois pour donner et recevoir.

➢ L'Analyse Transactionnelle postule que ces séquences temporelles répétées se divisent en six stades croissants, sur notre «échelle affective» : le retrait, le rituel, le passe-temps, l'activité, le stratagème (ou jeu psychologique) et l'intimité.

➢ Nos émotions, comparables à des «palpeurs» de notre environnement, ont besoin de ces «agents de renseignements» que constituent nos cinq sens.

➢ Notre esprit, tel un muscle, demande aussi à faire de l'exercice pour optimiser notre idéation et entretenir notre mémoire.

➢ L'alcool et les drogues, qu'elles soient douces ou dures, procurent des émotions contrefaites.

➢ L'écriture d'une lettre est une satisfaction artisanale et une rencontre à distance.

➢ Le jeu, en tant que distraction, reste, à tout âge, une fonction quasi physiologique.

➢ Les loisirs de week-end libèrent les émotions contenues toute la semaine.

➢ Le sport, sans esprit de compétition, permet la victoire sur soi-même.

➢ Le rire, en tant que «facteur émotionnel de bien-être», est de l'ordre du plaisir.

➢ Il n'y a qu'une vingtaine d'années que l'on connaît l'existence de l'endorphine, hormone sécrétée par l'hypothalamus.

➢ Le rire peut favoriser la sécrétion de cette endorphine qui décontracte les muscles, ralentit les battements cardiaques, accroît l'amplitude respiratoire, abaisse la pression artérielle, améliore la digestion et dissout l'anxiété. Entre autres bienfaits !

➢ L'esprit humain peut s'irriter à l'occasion d'activités improvisées ou dispersées et au contraire s'apaiser, lorsqu'elles sont ordonnées, bien exécutées et terminées.

➢ Cette notion de «bouclage» induit, avec la satisfaction de soi, un sentiment délicieux d'accomplissement et de plénitude. La nature a horreur du vide, dit-on.

➢ Un agenda sert à noter les choses essentielles à faire, pas à noircir ses pages de multiples engagements, impossibles à tenir.

➢ Il ne nous est pas possible d'effectuer plus d'activités que possible, c'est-à-dire d'ajouter des heures aux vingt-quatre que met la terre pour tourner sur elle-même !

➢ Le retard provoque toujours un sentiment d'échec. Il s'agit de partir à temps !

➢ Il n'y a pas d'urgence, il n'y a que des gens pressés !

Notes personnelles :

. . . .
. . . .
. . . .
. . . .
. . . .

CHAPITRE VI

La créativité

L'intelligence qui nous caractérise nous a dotés de raison en même temps que d'imagination et d'intuition. C'est la conjugaison de cet indissociable trio qui fait de nous des êtres sensibles, à la fois experts, logiciens et poètes, selon les circonstances.

Qu'est-ce qui a transformé notre lointain ancêtre Homo erectus *en* Homo sapiens *que nous sommes aujourd'hui, sinon la curiosité ! C'est bien elle qui nous a d'abord mis debout puis poussés en avant pour découvrir le monde. Et créer, puis améliorer sans cesse notre vie sociale, grâce à nos dispositions inventives et affectives.*

Avec la technique, nous avons découvert l'esthétique. Quand notre œil s'est fait plus exigeant, après le Bien, il a voulu le Beau. N'y a-t-il pas en chacun de nous un artiste qui sommeille ? Qu'il se réveille, et surgit l'œuvre réalisée avec un savoir-faire qui impose un devoir de transmission à la génération suivante. Qu'il lui suffise d'être contemplateur, et il admire avec bonheur les créations d'autrui.

Parce que l'art, pratiqué ou regardé, est jubilatoire. Parce que l'expression des formes et des couleurs est un langage qui, au-delà des mots, atteint le cœur et l'âme. C'est à ce voyage, au pays même de l'émotion créatrice, que nous vous convions.

1. L'imaginaire

a) La représentation

Lorsqu'il a un « coup de cafard » au volant de son camion, ce chauffeur-routier international pense à sa femme et ses deux filles, qu'il « voit » évoluer dans leur maison. Il va mieux aussitôt !

Devant son ordinateur, cette romancière imagine son héros dans l'obscurité d'une cave, une lampe électrique dans une main, un revolver dans l'autre. Un rat détale. Elle se fait peur elle-même !

Dans la cour de la prison, ce détenu réfléchit pendant la promenade, en fixant l'avion habituel qui passe. Il songe à l'Afrique où il veut partir après sa libération. C'est sa façon de s'évader !

Grâce à cette sorte de « lanterne magique » logée dans notre cerveau, nous pouvons ainsi fabriquer à la demande des images, les combiner et les projeter sur notre écran mental, les regarder comme les repasser tout à loisir puis, emportés par elles, nous déplacer dans l'espace et le temps. Grâce à cette fantastique imagination, précieuse faculté de notre esprit – qualifiée de « folle du logis » par les philosophes anciens –, nous sommes donc à même de créer et d'articuler sans cesse des situations, des scénarios, des plans, avec leurs mouvements, couleurs, odeurs, bruits, et leurs émotions, bien sûr. Bref, à l'aide de notre dispositif interne de représentation, nous pouvons être à la fois créateurs, metteurs en scène et acteurs d'un monde, transformable à notre gré.

Nous entendons parfois des gens, admiratifs devant les innovations en tous genres, dire avec regret : « Moi, je n'ai aucune imagination ! »… et se contredire aussitôt dans la même phrase, en ajoutant par exemple, émus et les yeux brillants : « Je rêve d'aller à Venise, quel plaisir ça doit être de glisser en gondole sur les canaux, entre les maisons ! » Preuve évidente que leur système de représentation fonctionne parfaitement et projette ses images et sensations vénitiennes dans leur tête ! De fait, nombre d'entre nous confondent *invention,* dont ils n'ont pas forcément le pouvoir parce que ce n'est pas « donné » à tout le monde, et *imagination* dont ils ont bel et bien la faculté, comme tout un chacun.

Deux particularités de l'imagination méritent d'être remarquées ici :

➢ ***La visualisation :*** sous cette appellation, la psychologie américaine a récemment proposé aux compétiteurs sportifs de se projeter mentalement un film «victorieux» de leurs épreuves, avant celles-ci. Cette technique s'avère très positive en donnant aux concurrents un moral de gagnant. Elle est maintenant utilisée dans différents domaines, là où il faut réussir.

➢ ***La symbolisation :*** nous sommes entourés d'objets divers, nous en portons sur nous. Notre imagination – par le biais du regard et de la mémoire, ses complices – nous renvoie ainsi à des situations, des souvenirs. Autant d'évocations, de signes qui, à discrétion, nourrissent nos émotions.

b) La curiosité

Si l'*Homo erectus* ne s'était pas précisément dressé un beau jour sur ses pattes de derrière, il n'aurait peut-être pas dégagé cette « colonne sonore » qui permet à l'homme d'aujourd'hui de parler. Notre ancêtre n'aurait pas non plus découvert l'horizon. C'est-à-dire cette ligne devant ses yeux soudain surélevés : au plus près, la courbe dentelée de la dune de sable ou de la colline ; au plus loin, la brumeuse frontière entre la mer et le ciel. Et il n'aurait pas eu envie de marcher et d'atteindre ces limites, puis de les franchir pour en conquérir d'autres. Un cheminement qui lui a permis de passer de l'animalité à l'humanité : son destin même.

La science nous dit, dans le cadre de l'évolution darwinienne, que cette mutation n'est pas terminée. On ne peut que croire nos savants, tant il apparaît, en ce XXIe siècle débutant, que l'homme, au seul vu de ses actes conscients et inconscients, est encore bien perfectible !

Quelle pulsion l'a fait ainsi aller de l'avant, quel « moteur » persiste à le faire sans cesse avancer dans les multiples domaines de la vie matérielle : la curiosité, bien sûr, cette soif irrésistible, impérieuse, de savoir, de découvrir, d'analyser… et d'éprouver des émotions nouvelles ! Puissent celles-ci se concrétiser par une autoexigence définitive de respect et un élan d'amour pour ses congénères, comme pour son milieu, si malmené…

La curiosité peut s'éveiller en nous, certes à la vue des choses, mais aussi à l'énoncé des mots, parfois d'un seul. S'il en est un qui fonctionne toujours bien, au plan émotionnel, c'est bien – qu'on le veuille ou non – le mot « nouveau » ! Accompagné d'un point d'exclamation, il demeure depuis des dizaines d'années un « outil de suggestion » toujours très efficace pour les publicitaires, qui en usent et abusent. Que ce soit à la télévision, dans la presse et sur les panneaux d'affichage, comme au long des rayons des supermarchés.

Que nous réserve cette fois encore ce sésame : une voiture sans volant, un téléphone portable avec télévision incorporée, un ordinateur pilotable vocalement ? Ou plus simplement, une lessive qui lave toujours et encore plus blanc ? Même si nous nous déclarons régulièrement publiphobes… nous voulons savoir, voir, toucher, et tant qu'à faire, détenir information et produit avant les autres. Progrès, vitesse, orgueil obligent ! Si nous forçons malicieusement le trait ici, c'est pour mieux souligner notre dépendance à ce pouvoir d'excitation, qui traverse le temps avec notre espèce. Pour montrer aussi combien la magie de la découverte nous fascine. Et nous émeut au plus profond de nous-même.

Si la technologie galopante, qui rend soi-disant la vie plus facile, n'a aucun effet sur vous, vous pouvez toutefois partir chez les brocanteurs à la recherche de la collection authentique des aventures de Tintin qui ont enchanté votre enfance ! Pourquoi vous priver de ce plaisir rare ?

c) L'intuition

L'imaginaire de l'homme préhistorique était à n'en pas douter, nous l'avons évoqué plus haut, essentiellement nourri d'émotions fortes à type de peur, générées par les menaces environnantes. Ne devait-il pas se méfier en permanence des éléments, de l'obscurité, des animaux sauvages, de ses congénères même ? Ne lui fallait-il donc pas être visionnaire, avoir en quelque sorte sur sa vie un « regard d'avance» ? Pour pressentir nombre d'événements dangereux et se prémunir comme il pouvait avec ses maigres moyens. Bref, disons-le, pour sauver sa peau !

Aujourd'hui, même si, grâce à la science, les «imprévus imprévisibles» sont très réduits pour l'homme moderne, les menaces existent toujours – la tornade qui a dévasté la France fin 1999 nous a rappelé notre petitesse –, mais nous sommes évidemment mieux outillés pour nous défendre. À tel point que nous n'utilisons plus au quotidien ce «sixième sens», qu'on l'appelle pressentiment, prémonition, prescience, flair, «feeling», en clair cette fameuse intuition, qui reste pourtant une précieuse faculté humaine.

À l'image de notre «cocktail mental» d'amour mêlé de haine envers la publicité, dont nous parlions à l'instant, nous éprouvons une sorte de «fascination-répulsion», pour les sciences prédictives. Fascination, parce qu'il peut être utile de connaître notre avenir. Répulsion, parce que, à juste titre, nous craignons les charlatans dans ce domaine… mais aussi, avouons-le, les mauvaises nouvelles !

Il faut pourtant admettre – même si les médias se plaisent souvent à démolir la «voyance», à partir de ses brebis galeuses, comme il en existe dans tous les domaines – que le phénomène médiumnique est une réalité. En dehors d'une communication avec les esprits que l'on peut certes contester, il est en revanche incontestable que certains médiums, sans l'aide d'aucun support, ont une faculté prouvée de «clairvoyance» et de «clairaudience», selon les termes en vogue. Au vrai, ces particularités sont plus ou moins développées chez les individus. Ne seraient-elles pas en train de s'émousser, puisque depuis la révolution industrielle, nous demandons de plus en plus à la machine, de penser à notre place !

Si la médiumnité relève d'un don – que nous citons ici simplement pour rappeler les étonnantes capacités de l'esprit –, notre intuition, elle, peut se développer à partir d'une meilleure disponibilité et d'une observation plus fine de notre environnement. N'oublions pas que notre inconscient, toujours en éveil, enregistre images, sensations et vibrations puis les transmet, éventuellement, au conscient. Que nous nous efforcions d'«ouvrir davantage de portes» autour de nous, par le regard, le geste, la parole, et nous ne pouvons être que mieux informés, étonnés et partant enrichis. Nous sommes « portés en avant » par notre curiosité : quoi de plus passionnant, réjouissant, que de deviner la ou les demandes des êtres aimés, et de les satisfaire !

2. Le violon d'Ingres

a) Le bricolage

« L'imagination est plus importante que le savoir », dit le physicien Albert Einstein. Permettons-nous d'ajouter que l'imagination est aussi sœur de la raison et de l'intuition, trio indissociable.

Nous venons de constater la puissance des images – que nous créons mentalement ou qui nous entourent – comme leur indiscutable pouvoir sur notre « système affectif ». Imaginer, c'est donc tout à la fois sentir, ressentir, pressentir. Que d'excitantes émotions à la pratique de cet agréable exercice psychique… si nous voulons bien toutefois nous dérouter de nos sacro-saintes habitudes, sortir de nos événements ordinaires, précisément pour rechercher l'« extraordinaire ».

Sans aller jusqu'à imiter complètement Ingres, le célèbre peintre, qui faisait du violon son deuxième métier (second violon de l'orchestre du Capitole, à Toulouse, dans les années 1790), il est tout à fait sain d'avoir un passe-temps – un « hobby » comme disent les Anglais – après le travail, et notamment une occupation manuelle.

Un abus de langage fait souvent désigner des travaux approximatifs et peu soignés par le terme « bricolage ». En vérité, celui-ci a acquis ses lettres de noblesse en désignant, de fait, des réalisations en tous genres, qui valent largement maintenant des travaux professionnels. Il n'est qu'à voir le public connaisseur qui se presse en permanence dans les magasins spécialisés vendant des outillages de plus en plus performants. Devant ces scies, tournevis et autres perceuses perfectionnées, nous sommes loin de la notion de rafistolage que l'on fait aussi rimer avec bricolage. Et de certains amateurs, ouvriers inexpérimentés du dimanche !

Pour sa part, ce mot « amateur », qui dans son acception péjorative décrit précisément un dilettante, un maladroit, désigne surtout, en première signification (du latin *amator*) quelqu'un qui aime. C'est ce sens que nous voulons évoquer dans cette séquence. Et avec lui la main, notre premier outil, qui nous permet de faire tant de choses, quand le bricolage devient menuiserie, serrurerie, peinture, jardinage, électricité…, tous ces travaux manuels passionnants, exercés amoureusement, la paix au cœur, et qui font partie de l'art de vivre dans et autour de l'habitat.

À chaque main, sa matière. Que d'émotions à la fois vives et apaisantes, éprouvées ici charnellement avec, selon nos préférences et aptitudes, la caresse d'un bois, le polissage d'une clef, le laquage d'un mur, la plantation d'un légume ou la cueillette d'une fleur ! Et même simplement le branchement du courant lorsque surgit la lumière, dans l'ampoule tenue au bout des doigts ! Parce que la main, prolongement de l'esprit, prend, porte, serre, donne, reçoit, écarte, ressent elle aussi. Elle est la vie, la créativité même !

b) Les travaux artistiques

J'aimerais bien faire de l'aquarelle et prendre des cours. J'étais bonne en dessin, à l'école…

Il faudrait que je m'achète un nouvel appareil photo, ils ne sont pas chers maintenant et de bonne qualité. J'ai envie de photographier des paysages, de faire des instantanés dans la rue aussi… mais j'aurais besoin des conseils d'un club photo…

Je voudrais chanter dans une chorale, j'y pense depuis longtemps, mais où m'adresser, je n'en sais rien…

J'adorerais apprendre la danse espagnole dans une école, ça doit bien exister. En vérité, je n'ose pas me lancer…

« Je n'ose pas… », c'est la réserve qui revient souvent dans les conversations, lorsque l'éventualité d'apprendre et de pratiquer un art, quel qu'il soit, est évoquée par les interlocuteurs.

Combien d'entre nous ont-ils jamais eu envie de pratiquer certains travaux artistiques mais, tant par excès de timidité, que par modestie mal placée, ou simplement par peur des réactions supposées moqueuses de leur entourage, en sont arrivés à douter d'eux-mêmes et de leurs capacités, remettant ainsi à plus tard leur projet pour, en fin de compte, ne pas réaliser un désir depuis longtemps entretenu ! Que de talents restent ainsi méconnus, que d'œuvres ébauchées hantent les fonds de tiroirs, que d'émotions créatrices sont ainsi refoulées. Quel dommage !

Comment réagir ? Comment sortir de votre réserve, si vous êtes cette personne velléitaire ? Écoutez mieux votre pulsion ! Si vous avez vraiment envie de dessiner ou de peindre, il vous suffit de pousser d'abord la porte d'un marchand d'articles de dessin et d'acheter les quelques fournitures nécessaires. Premier contact, premiers échanges avec un interlocuteur compétent, premiers frémissements devant papiers, pinceaux, couleurs. Des images se forment déjà devant vos yeux !

Avec les conseils reçus, vous commencez par reproduire chez vous photos de vacances ou cartes postales. Puis, un beau matin, vous partez résolument planter votre chevalet devant ce paysage qui vous tient tant à cœur. Pour revenir le soir à la maison avec une aquarelle, peinte sur le vif… et signée de vous ! Votre première œuvre est née !

Travaux artistiques signifient rencontres. Après le vendeur de gouaches, vous ferez vraisemblablement connaissance de « collègues », dans sa boutique même ou sur le terrain. Et, pourquoi pas, vous rejoindrez vite un cours ou une association pour parfaire votre technique, dans la dynamique et la sympathie d'un groupe, aux réunions régulières. Vous trouverez les adresses nécessaires sur le Minitel ou à votre mairie.

Mêmes circonstances pour la photo, le chant choral ou la danse espagnole ! Il ne s'agit pas de rechercher un vedettariat quelconque, mais une possibilité d'expression de vos sens. Quelle soit manuelle, orale, corporelle. Et avec elle, l'occasion de vous faire de nouveaux amis !

c) La transmission

« Enseigner, c'est apprendre deux fois », énonce judicieusement un vieux proverbe. Depuis qu'il a inventé l'outil, grâce au couplage de son intelligence et de sa main, l'homme a assimilé comme une obligation le passage du savoir-faire de ses conceptions à son successeur, qui l'améliore pour le passer encore au suivant. Il est bien sûr regrettable, ô combien, que lesdites inventions se transforment trop souvent, au fil du temps, d'outils en armes !

Quand nous savons garder notre esprit au service du bien, du beau, du vrai – triade chère à juste titre aux philosophes antiques –, il en résulte une transmission profitable, et l'on peut continuer d'espérer en la favorable évolution de l'animal social que nous sommes !

Comme il est rassurant, émouvant aussi, de savoir notamment que dans la grande chaîne artisanale, les « tours de main » continuent de se transmettre, de génération en génération, depuis l'époque des bâtisseurs de cathédrales. Les hautes tours de béton et de verre, dont s'enorgueillissent nos grandes capitales, profitent aujourd'hui encore des techniques élaborées il y a mille ans et retransmises par la tradition orale ouvrière (tradition, du latin *tradere,* transmettre). Exemples de la puissance de cette méthode, les compagnons du Devoir, dont la vaillante confrérie perpétue le travail des constructeurs médiévaux : ils ont été récemment choisis pour restaurer la statue de la Liberté à New York. Une belle réalisation, une belle équipe, un beau symbole !

De fait, quoi de plus créatif, de plus exaltant, que de transmettre son savoir et ses connaissances à d'autres personnes, jeunes ou moins jeunes ! En ce début de nouveau millénaire turbulent, où les parents victimes du système social baissent les bras, où le corps enseignant connaît de ce fait les pires difficultés, où les enfants affichent désarroi et agressivité, il est temps que l'éducation reprenne ses droits et soit retransmise par toutes les bonnes volontés disponibles.

Avez-vous remarqué que des mots de la convivialité quotidienne, tels que *bonjour, pardon, merci, au revoir* – qui nous relient les uns aux autres, avec en principe le sourire correspondant – ont tendance à disparaître de notre langage ! Or, à l'image des matériaux constituant les cathédrales précitées, ces vocables transitionnels ne sont-ils des pierres portantes du rapport humain ? Qu'on les retire, l'édifice relationnel s'affaiblit et menace de s'effondrer. Sans petits mots… grands maux, le calembour pourrait nous faire sourire, si le sujet n'était pas préoccupant.

Pour prolonger la métaphore, nous dirons ici que nous avons d'urgence un rôle de « reconstructeur » à jouer. Il nous revient de remettre patiemment ces pierres à leur place dans le dialogue : une façon gratifiante de transmettre une langue correcte et d'enseigner la politesse, sans morale, en douceur. Éduquer, c'est être à la fois la truelle et le ciment.

3. L'art

a) La contemplation

Nous ne cessons de vérifier page après page combien le processus créatif, dans tous les domaines, « fabrique » simultanément en nous de l'émotion. Et, combien, à son tour, cette émotion, avec ses variantes, enrichit tous les éléments que nous brassons et qui constituent notre « pâte humaine » : matière, esprit, langage, codes sociaux, interrelations, réalisations, etc. Vivre est un art : à chacun de façonner son art de vivre !

Nous pouvons ainsi dire que, paradoxalement, bien que nous ne nous soyons pas créés nous-mêmes, nous sommes en « auto-création » permanente !

Êtres sensibles, il est normal que nous éprouvions amour, joie et sérénité lorsque nous sommes bien ensemble ; peur, tristesse et colère quand nos échanges fonctionnent mal. Et il est juste que nous apportions les corrections nécessaires à nos équilibres vitaux, lorsque ceux-ci sont menacés, d'abord par les mots… ou l'absence de mots, nous venons de le voir. « Nous ne sommes hommes et nous ne tenons les uns aux autres que par la parole », nous rappelle Voltaire. Ce statut d'homme fait précisément de nous, par définition, des acteurs. Il nous permet aussi d'être spectateurs. C'est-à-dire des êtres qui, parce qu'ils sont doués d'affectivité, peuvent regarder mieux que voir, écouter plus qu'entendre. Alors, quand l'œil devient regard, le musée du Louvre disparaît et nous devinons le pinceau de Léonard de Vinci affinant la *Joconde !* Alors, quand notre tympan n'est plus que vibration, Mozart vit soudain en nous avec les modulations de *La Flûte enchantée !* Et nous pouvons aussi être emportés par le spectacle du monde…

J'observe cette enfant, assis sur le tapis, devant un puzzle en désordre. Elle est grave, totalement absorbée par un jeu qui est devenu sa mission : rassembler les petits morceaux de carton multiformes pour reconstituer le portrait dont elle suit le modèle. J'admire l'agilité de ses doigts qui saisissent et rapprochent les éléments, tels ceux d'un carreleur combinant une mosaïque. Le personnage naît sous mes yeux. En ajustant la dernière pièce, la fillette, triomphante, me sourit. Je suis ému aux larmes.

La voiture me saute littéralement au visage surgissant de la revue où je la découvre. Avec ses phares en amande, sa calandre comme une bouche aux dents de chrome, sa carrosserie rouge fuselée, on dirait un fauve en train de bondir. La pub m'a eu : je suis comme hypnotisé !

Je regarde le pigeon sur le rebord de mon balcon luisant de pluie. Il fait une pause pendant l'averse, en tournant sur lui-même. Il est majestueux dans sa robe couleur d'orage. Soudain, il hérisse ses plumes qui vaporisent des perles d'eau. Puis, il se jette dans le vide, les ailes déployées. Il plane un moment, maître du ciel, puis disparaît derrière les cheminées. Surpris, ravi, je viens d'en prendre plein la vue !

Contempler, c'est s'étonner, c'est rêver les oreilles et les yeux ouverts !

b) Les formes

Nous le constatons chaque jour : le langage est très imparfait. Les mots, même les plus justes, ne peuvent décrire complètement et avec exactitude une chose, une situation, à plus forte raison une émotion ou un sentiment. Lorsque nous conversons, nous entrons quasi automatiquement dans un « processus de déperdition », bien observé par les psychosociologues : ce que je dis, ce que je crois avoir dit, ce que j'ai vraiment dit, ce que l'autre croit avoir entendu, ce qu'il a entendu, ce qu'il croit avoir compris, ce qu'il a vraiment compris, ce qu'il me répond, etc.

À tel point que, en fonction de ces filtrages successifs, le « récepteur » ne retiendrait consciemment que 10 % des idées exprimées par l'« émetteur ». Il n'est donc pas étonnant que les publicitaires, très conscients du phénomène, affirment volontiers qu'« une image vaut mille mots »… et réduisent les textes au minimum sur leurs affiches !

En dehors de la parole et de l'écriture alphabétique, il existe bien sûr d'autres façons de communiquer qui, à partir de signes divers, « transmettent du sens ». C'est le cas du symbole, terme ici générique, qui – au moyen d'une forme, d'un graphisme, d'une couleur, d'un son, d'un attribut, d'une qualité, d'un objet, d'un concept… – exprime un ou des signifiants, pour devenir un ou des signifiés, dans l'esprit de celui ou ceux qui y sont exposés. Si les anciens Égyptiens en avaient l'habitude avec leurs hiéroglyphes, si les Asiatiques en ont toujours le vif exercice avec leurs idéogrammes, il est clair que nous autres Occidentaux ne sommes pas des experts en la matière, avec notre alphabet gréco-latin, qui n'a pas grande évocation symbolique, du moins en première lecture.

Si je ne suis donc pas spécialement ému par notre lettre « A » (que des linguistes autorisés ont néanmoins identifiée comme la représentation d'une tête de taureau renversée !), je peux être sensible au spectacle de la lune et des étoiles dans le ciel. Je remarque alors que la première s'inscrit dans un cercle et que les secondes suggèrent des lignes et des points de jonction qui forment, entre autres, carrés, triangles ou croix. Par associations d'idées nos ancêtres qui, avant nous ont levé les yeux au firmament, ont rapproché ces formes de l'être humain et de ses spécificités, pour « fabriquer » du sens. Ainsi a pu naître le symbole. Pourquoi dans différentes cultures, le cercle évoque-t-il l'amour et l'harmonie, le carré la maison et la famille, le triangle le travail et l'ambition, l'étoile le divin et la spiritualité, la croix les quatre éléments, air, eau, terre, feu ? Jung pense que de telles formes géométriques – auxquelles se joignent des animaux mythiques, cheval ou dragon – constituent des « images primordiales », qu'il nomme « archétypes » et qui, selon lui, peuplent notre inconscient collectif depuis des milliers d'années.

On voit bien ici, au plan émotionnel, l'intérêt du langage symbolique, près du verbe. Il permet, en silence, de limiter la pression, si forte, du réel !

c) Les couleurs

En évoquant les astres et leurs significations culturelles, nous ne pouvons pas éviter de citer à la fois les « sciences occultes » qui nous renvoient à la magie, première religion de l'homme, et les mathématiques et la géométrie, inventions attribuées aux Chaldéens, puis perfectionnées et adulées par les Grecs anciens.

Le cercle, lié à l'amour, nous venons de le dire, signifie aussi la protection de l'homme et de la femme. Les cérémonies magiques en l'honneur du système solaire, notamment dans les temples druidiques, avaient toujours lieu à l'intérieur d'un cercle tracé au sol, devenant un espace censé « mettre à l'abri » les officiants. Quant aux nombres (dont le zéro représenté lui aussi par un cercle) et figures géométriques (cercle, triangle, carré et autres polygones), Pythagore les considérait comme des « êtres abstraits » dotés d'une « puissance cachée sur laquelle est bâti le monde ! ».

De son côté, la « doctrine kabbaliste » a sacralisé les vingt-deux lettres de l'alphabet hébraïque, qui dans cette tradition sont aussi des nombres au sens secret. Citons enfin l'occultiste allemand Cornelius Agrippa, créateur au XIVe siècle d'un talisman montrant un homme inscrit dans une étoile à cinq branches. À l'image de la philosophie grecque, il a ainsi voulu signifier à son tour que l'« homme est la mesure de toutes choses ». Nous constatons avec Jung que notre esprit est doté d'un riche héritage symbolique et affectif ! Ce n'est pas innocent si les drapeaux de tous les pays du monde, emblèmes et puissants symboles par eux-mêmes, arborent dans leurs plis multicolores les formes précitées – qui plus est animées par le vent –, du cercle au triangle, du carré au croissant, de la croix à la très présente étoile à cinq branches.

Ces figures sont bien utilisées pour transmettre des signifiants à forte charge émotionnelle, en l'occurrence appartenance, patriotisme, union, énergie, amour, etc.

Lorsque vous ouvrez un dictionnaire à la page des drapeaux, qu'est-ce qui frappe votre rétine, sinon les couleurs – avec une dominante rouge, synonyme de vie – qui valorisent les diverses formes exposées. Elles ont évidemment leur symbolique propre, leurs vibrations particulières, qui vous procurent des sensations immédiates et atteignent en même temps votre inconscient.

Une méthode de soins récente, la « chromothérapie », a pu vérifier que la gamme des couleurs (en résumé, les sept nuances de l'arc-en-ciel) exposée à notre système optique, influence effectivement nos centres de l'humeur et des émotions. Rouge, orange, jaune sont des couleurs vivifiantes qui favorisent joie et convivialité. Le bleu inspire la réflexion, le violet apaise l'anxiété, le vert induit le sommeil. De la sorte, nos choix de couleurs tant pour notre habillement que pour notre habitat sont rarement dus au hasard, car ils répondent à une « demande interne ». Nous sommes entourés de signes multiformes et polychromes qui sont de véritables « lignes de force ». Regardons-les pour capter l'énergie qu'ils diffusent.

EXERCICE N° 14

Soyez créatif !

La créativité, dans tous les domaines et sous ses diverses formes, est très stimulante. Elle procure toujours de saines émotions, donc bénéfiques à la santé physique et psychique.

Nous vous suggérons de faire le point sur votre capacité d'invention, en répondant aux questions ci-dessous.

L'imaginaire

– Lorsque vous pensez à quelque chose, que voyez-vous sur votre écran mental : des images, des scènes, des mots ? En couleurs ? Entendez-vous des sons ?
– Les objets qui vous entourent ou que vous portez sur vous évoquent-ils, au seul regard, des personnes, des souvenirs, des lieux ? Êtes-vous superstitieux ?
– Êtes-vous curieux des êtres et des choses ? Si oui, comment manifestez-vous votre curiosité ? Êtes-vous sensible à la nouveauté, à la publicité ? De quelle façon ?
– Êtes-vous intuitif ? Avez-vous des prémonitions ? Croyez-vous à la voyance ?

Le violon d'Ingres

– Comment définissez-vous le bricolage? Êtes-vous bricoleur? Si oui, que faites-vous?
– Avez-vous un talent artistique? Dans l'affirmative, lequel? Que vous apporte-t-il?
– Aimez-vous vous instruire? Si, oui, transmettez-vous vos savoirs? À qui, comment?

L'art

– Êtes-vous observateur? Regardez-vous les détails? Qu'est-ce que la beauté pour vous?
– Qu'est-ce qui vous émeut le plus : cinéma, théâtre, musée, concert, etc.?
– Qu'évoquent en vous le cercle, le carré, le triangle, la croix, l'étoile? Un dragon, un cheval?
– Que vous inspirent les couleurs rouge, orange, jaune, bleue, verte, noire, blanche?

En bref

➢ Grâce à notre imagination, nous sommes capables de créer sans cesse des images, des situations, et de les articuler. Nous pouvons être ainsi à la fois des créateurs, metteurs en scène et acteurs d'un monde transformable à volonté. La technique de visualisation permet d'anticiper mentalement des situations positives, comme de les agrémenter avec des couleurs, odeurs et sons agréables.

➢ En se dressant sur ses pattes de derrière, l'*Homo erectus* a élargi son champ de vision, est devenu curieux de son environnement, et s'est vite mis à l'explorer.

➢ C'est la curiosité qui, grâce à son pouvoir d'excitation, génère chez l'homme le besoin de recherches diverses, qui entraîne à son tour les découvertes.

➢ Imaginer, c'est tout à la fois sentir, ressentir, pressentir.

➢ L'intuition, que l'on nomme aussi «sixième sens», est plus ou moins développée en chacun de nous. À un degré supérieur, chez certains individus doués, cet art de «deviner» peut devenir voyance et médiumnité, facultés décriées mais bien réelles.

➢ Le mot «amateur», dans sa signification première, désigne quelqu'un qui aime.

➢ La main, prolongement de l'esprit et premier outil, prend, porte, serre, donne, reçoit, écarte, ressent, elle aussi. La main, c'est la vie, c'est la créativité même.

➢ La pratique de travaux artistiques, quels qu'ils soient, permet l'expression des sens.

➢ Travaux artistiques signifient rencontres, c'est-à-dire une ouverture à l'amitié.

➢ Enseigner, c'est apprendre deux fois. La transmission, devoir de l'homme social que nous sommes, commence avec la réinsertion dans le langage des mots quotidiens comme bonjour, pardon, merci, au revoir, qui tendent à disparaître.

➢ Contempler, c'est garder la faculté de s'étonner, c'est rêver les yeux ouverts.

➢ Le langage symbolique est plus riche que la parole : une image vaut mille mots.

➢ L'exposition aux couleurs influence les centres de l'humeur et des émotions.

Notes personnelles :

. . . .
. . . .
. . . .
. . . .
. . . .
. . . .
. . . .
. . . .
. . . .
. . . .
. . . .
. . . .
. . . .
. . . .
. . . .
. . . .

TROISIEME PARTIE

Émotions et amour

CHAPITRE VII

Qu'est-ce qu'aimer ?

L'amour possède certainement autant de définitions et de formes qu'il y a d'êtres humains ! Parce que chacun le voit, le ressent, le vit et l'exprime à sa guise.

Il a été loué et l'est toujours de mille façons, en tant qu'élan vers l'autre. Ce qui est moins chanté, c'est l'amour de soi, souvent assimilé à tort au narcissisme. Or, comment estimer son prochain si l'on ne s'estime pas d'abord soi-même ? Si l'on ignore sa propre demande, puisque qui dit désir dit aussi plaisir à partager.

La rencontre est certainement l'un des moments les plus forts de notre vie. Sur les bancs de l'école, hier. Qu'elle soit familiale, amoureuse, amicale, professionnelle, aujourd'hui. Multipliée, elle crée la chaîne événementielle qui détermine et jalonne notre histoire personnelle. Réussie, elle permet proximité, complicité, intimité, qui accompagnent toujours la camaraderie, l'amour, l'amitié. Autant de sentiments et d'émotions réunies qui, grâce aux yeux de l'enfant que nous abritons, peuvent mieux nous rapprocher non seulement de nos semblables, mais aussi de nos amies les bêtes et de la nature. Alors soudain, avec la joie de vivre, nos échanges nous offrent en cadeau, un goût de bonheur !

Vivons ce parcours ensemble !

1. L'estime de soi

a) Se considérer

En naissant, nous sommes en quelque sorte des « êtres inachevés ». Incapables de nous mouvoir, et encore moins d'autoprise en charge, nous avons besoin de l'assistance immédiate de notre entourage humain, c'est-à-dire de tendresse, certes, mais aussi d'attentions et de soins constants. Au contraire de nombreux quadrupèdes comme par exemple le poulain qui, dans l'heure qui suit sa venue au monde, se dresse sur ses pattes et fait déjà ses premiers pas !

En vérité, après notre longue croissance et parvenus à l'âge adulte, nous ne perdons jamais cette « nécessité première d'autrui » dont nous attendons, souvent inconsciemment, la sollicitude. Nous avons vu que nous sommes même friands de ses signes de reconnaissance, sous toutes formes.

Mais notre exigence individuelle ne s'arrête pas là ! Parallèlement à cette demande de marques d'attention, nous éprouvons une autre soif au sein de la société. Nous voulons également que notre alter ego nous témoigne un égard particulier : la considération. Nous désirons non seulement être reconnu, mais estimé, respecté, apprécié. Bref, nous voulons, encore et toujours, être aimé. Et de plus, non pour nos seules capacités, mais bien pour nous-même, à la fois comme personne unique et communicante.

Cette attente des gratifications de l'autre peut nous être nuisible si elle est permanente. Nous avons tous besoin de stimulations positives, nous le répétons, mais pas au prix d'une dépendance, dommageable à la longue.

Deux mille ans d'une sévère civilisation méditerranéenne ont eu tendance à nous éloigner de notre « moi », d'une certaine façon à vouloir nous faire oublier que chacun de nous est aussi important que l'autre sur la terre. Alors qu'il ne s'agit pas de s'effacer au profit de cet autre, mais au contraire, dans un contexte d'égalité, de s'autoestimer, d'avoir une valorisante opinion de soi, puisque comme l'autre, nous faisons partie de la même espèce.

S'alimenter permet d'entretenir son corps. Se considérer, se respecter, s'aimer finalement, revient à entretenir son esprit et l'estime de soi. Prendre soin de son physique et de son mental, c'est rechercher l'harmonie globale de son être, puisque celui-ci forme un tout.

Ne confondons pas cette démarche avec un comportement égocentrique. L'égoïste entretient sa personne lui aussi… mais ne la dépasse pas ! Il se considère lui aussi… mais comme le centre de l'Univers ! Il fait plus que s'aimer, il s'adore ! On pourrait presque dire qu'il se « divinise », et qu'en conséquence, il s'exclut du champ social… dont il veut bien bénéficier des avantages, sans contrepartie. Nous avons tous un « ami » qui a du talent pour parler de lui, mais jamais d'argent au moment de payer les cafés sur le zinc !

Se considérer, s'aimer soi-même, ne veut pas dire s'émouvoir comme Narcisse devant sa propre image. C'est aimer l'Homme à travers soi.

b) S'évaluer

Un vieux proverbe français dit : « Charité bien ordonnée commence par soi-même. » Au premier degré, il encourage apparemment l'égoïsme. N'est-il pas d'ailleurs clamé sur le ton de la plaisanterie par celui qui se sert le premier à table ! Une seconde lecture nous indique qu'effectivement avant de songer aux autres, il faut songer à soi. Donc, faire les choses dans l'ordre. Si cet aspect est négligé, nous nous exposons à des déconvenues.

Comment pourrait-on s'occuper des autres, si l'on ne s'occupe pas d'abord de soi ? Comment prétendre leur donner du courant, si nos propres accus sont affaiblis ou pire, déchargés ? Il convient donc, à l'évidence, de veiller à la charge constante de ladite batterie. Et aussi – pour rester encore un instant sur cette image précédemment utilisée – de contrôler régulièrement notre capacité de charge. Selon notre nature, nous nous vidons plus ou moins vite de notre énergie et rechargeons de la même manière : une autoévaluation est donc indispensable. Parce que aimer, c'est donner. Toujours.

À chacun sa façon d'aimer. À chacun sa définition. Nous maintenons que l'amour est une émotion, probablement la plus riche. Certains praticiens des neurosciences avancent que l'amour est en soi un simple état affectif, puisqu'il n'y a pas de « centre de l'amour » dans le cerveau, alors que l'émotion est, elle, une réaction affective, avec les manifestations physiques que l'on sait. Hormis le fait organique, n'est-ce pas jouer quelque peu sur les termes ?

Au niveau psychosociologique, nous voulons évoquer cet élan spontané, généreux et renouvelé, producteur de nobles sentiments, de la sincérité au désintéressement, lorsqu'il correspond à l'offrande pure et simple à l'autre d'« une part de soi-même ». En ce sens, il n'est pas exempt de dangers, qui doivent être recensés par l'autoquestionnement.

- Sur un plan général, suis-je capable d'aimer mon prochain sans attendre la réciprocité ?

- Dans une relation amoureuse, puis-je accepter que ma ou mon partenaire ait des opinions, des attitudes, des réflexes différents des miens, selon les circonstances ? Suis-je disposé à faire des concessions ?

- Est-ce que je ne recherche pas dans l'être aimé mon propre modèle, c'est-à-dire un autre moi-même, dans le miroir du narcissisme ?

- En tablant sur la réussite, puis-je finalement prendre le risque… d'un échec ?

L'amour est donc une entreprise difficile, un double jeu (un double « je » même !) d'émission-réception, dans le respect mutuel. Ce qui fait dire avec un malicieux défaitisme au psychanalyste Lacan que « l'amour revient à donner quelque chose que l'on n'a pas à quelqu'un qui n'en veut pas ! ».

Partant, l'amour serait-il un rêve, sans réalité possible ? N'exagérons rien ! Dès lors qu'il ne devient pas habitude, encore moins routine, mais engendre créativité et renouvellement ; dès lors qu'il demeure un repas partagé, composé des provisions affectives que chacun apporte, comme dans une auberge espagnole, l'amour est le plus beau des échanges. C'est en l'occurrence – avec et sans jeu de mots – l'« art des mets » !

c) S'accepter

- Je suis moche, grosse et vieille !
- Je suis maigre, petit et chauve !
- Je n'aime pas mon nez !
- J'aurais voulu avoir de longues mains !

Combien de fois entendons-nous ces « cris du cœur » autour de nous ? Combien de gens sont ainsi malheureux à vie et en veulent aux miroirs de leur renvoyer cette image d'eux-mêmes qu'ils détestent ! Ou plutôt qu'ils ont appris à détester, en se comparant avec les vedettes du *show-biz*. Ne sont-elles pas les canons de la normalité, « données à imiter » ?

Alors, beaucoup de ces insatisfaits d'eux-mêmes appellent à l'aide. Qui la médecine, pour se lancer dans toutes sortes de régimes... à corps perdu. Qui la chirurgie esthétique, pour s'offrir un nouveau nez. Qui la « capilliculture » pour recouvrir son crâne brillant d'une sombre moumoute, ou d'implants prometteurs. Afin de se libérer de cet intrus mal-aimé, voire pesant, qui les encombre et se reflète dans les vitrines. Et changer enfin de silhouette, de visage, de regard. À la surprise de l'entourage qui, parfois, ne reconnaît plus la personne familière !

Si nous venons de forcer un peu le trait, ce n'est pas par cruauté ou humour mal placé, mais pour précisément souligner le côté pathétique de ces démarches individuelles. Nous savons très bien que ces personnes éprouvent une véritable souffrance, à la fois au spectacle décevant d'elles-mêmes et à celui, ridicule, qu'elles croient donner autour d'elles. Ainsi peut s'installer, avec une imagination négative, d'abord la culpabilité, la honte, puis une tenace haine de soi. Ainsi peut surgir également, avec la jalousie, la haine des autres jugés plus beaux, donc plus séduisants, plus souriants, donc plus heureux que soi.

Et ensuite, matraquage publicitaire aidant, peut venir la haine de la société tout court. Comment, il est vrai, ne pas être hostile par moments à notre monde tentateur de la consommation, qui nous donne avec le luxe et la précarité, simultanément le rêve et le cauchemar !

Bien sûr, nous n'avons pas de solutions toutes faites pour transformer notre époque inégalitaire. Mais la haine – de soi ou de l'autre –, antonyme de l'amour nous l'avons dit, n'est pas la bonne réponse. Ni la bonne émotion à exprimer ! Parce qu'elle isole, aigrit, rend malade.

Certes, on peut accuser une surcharge pondérale en raison d'écarts alimentaires. Et la parade existe. En revanche, un nez jugé trop fin, trop long ou bosselé, une calvitie précoce n'exigent pas toujours l'intervention du scalpel ou d'une prothèse.

Nous sommes environnés de personnes qui sans représenter des « prix de beauté » ont un charme infini. Les candidats à l'élection de monsieur Muscle ont le corps luisant mais pas forcément cette lumière intérieure qui éclaire certains êtres ! Ceux-là même qui ont compris que la vraie beauté est celle de l'âme.

Alors, acceptez-vous, oubliez votre éventuelle coquetterie dans l'œil. Et optez pour… une nouvelle vision du monde, avec les yeux de l'amour !

EXERCICE N° 15

Aimez-vous !

« Aime ton prochain comme toi-même », a dit le prophète. Il ne s'agit pas d'imiter Narcisse qui passait son temps à adorer son image dans l'eau de la fontaine ! Il convient, en ayant conscience de soi, de se reconnaître comme être humain et, à ce titre, de se respecter pour mieux respecter les autres.

« Aime-toi même comme ton prochain », maxime inversée, dit la même chose. Vous passez votre vie… d'abord avec vous-même ! C'est une raison hautement suffisante pour prendre soin de vous, tant au plan physique que mental. Il est donc important de connaître vos besoins et vos capacités.

Se considérer

– Décrivez-vous en quelques mots, physiquement et psychiquement.
– Quelle opinion avez-vous de vous-même ?
– Quels sont vos plats préférés ? Comment composez-vous votre alimentation ?
– Mangez-vous à heures régulières ? Dormez-vous suffisamment ?
– Quelles sont vos valeurs personnelles ? Vous les appliquez-vous à vous-même ?

S'évaluer

– Au plan de l'endurance, corporelle et mentale, connaissez-vous vos limites ? En tenez-vous compte ? Si oui, de quelle façon ?
– Avez-vous répondu aux questions posées page 132 ? Sinon, merci de le faire ici.
– Si vous vivez en couple, faites-vous en sorte de renouveler vos habitudes ?

S'accepter

– Êtes-vous satisfait(e) de votre personnalité ? De votre image ? Sinon, pourquoi ?
– Quelles sont vos qualités et défauts ? Vous aimez-vous tel que vous êtes ?

---

2. La rencontre

a) Le désir

Nous sommes six milliards d'êtres humains sur la terre, et chacun de nous a toutes les raisons de penser, dans son unicité et sa différence même, qu'il est en lui-même le centre de l'Univers. Et pourquoi pas Dieu en personne, ou son « attaché » ! Par définition, les égocentristes sont sans nul doute habités par ce grandiose concept ombilical, nous l'avons évoqué !

Reconnaissons toutefois que pour assurer notre survie, donc par nécessité cette fois, nous devons pratiquer une forme d'égoïsme obligatoire, consistant à assurer le « fonctionnement » de notre corps. C'est-à-dire tout simplement, et en tout premier lieu, à répondre à nos sollicitations organiques. En cela, obéissant à nos pulsions primaires, force nous est de constater que nous sommes des « êtres de désirs », sans cesse en demande.

Nous le savons, nos trois désirs fondamentaux sont :
- La faim.
- La soif.
- La sexualité.

Nous avons besoin de manger, de boire et, pour maintenir la pérennité de notre espèce, de nous reproduire. À cet effet, si nous pouvons généralement assouvir seul les deux premiers, en clair nous alimenter, le troisième – avec beaucoup d'autres – impose que nous communiquions.

Multi-désirants, nous sommes donc poussés à la contradiction, puisque à la fois attachés à notre indépendance et subordonnés à nos semblables ! C'est, à l'évidence, cette dépendance qui nous conduit à l'approche et à l'amour d'autrui, que nous avons tenté de définir dans la séquence précédente. Après le « pourquoi », il convient d'aborder le « comment » de ce désir.

Pour recevoir, il faut donner. Qu'en est-il ? Classiquement, il existe trois formes d'« amour social », nous voulons dire vécus dans la société humaine telle qu'elle s'est organisée, en fonction même de notre instinct grégaire.

- ***L'amour captatif :*** s'il est « libération » pour certains, l'amour est encore « prison » pour beaucoup. L'un des partenaires s'estime carrément propriétaire, donc maître de l'autre qui subit plus qu'il ne consent, dans le cadre de l'union établie.

- ***L'amour oblatif :*** cette formule voit un partenaire se soumettre au second, de sa propre décision. C'est l'inverse du cas précédent. Nous sommes dans l'oblativité (du latin *oblatus*, qui offre). L'un se sacrifie à l'autre, cas de figure pas si rare.

- ***L'amour communion :*** il n'y a ici ni domination ni soumission, mais fusion, « mise en commun » au vrai sens du mot. C'est le thème des grands romans et films d'amour. Cet amour existe aussi dans la vie. Tant mieux pour les heureux partenaires !

La meilleure façon d'aimer devrait être celle qui apporte égalité, complémentarité, ou différence, au gré des couples, de leurs besoins et de leur créativité. Fusion émotionnelle ne veut pas dire perte d'identité. Il ne s'agit pas de préférer l'autre à soi-même, mais de se réaliser ensemble.

b) Le plaisir

Qui dit désir, dit plaisir. Rappelons que, il y a un siècle, Freud a fait scandale avec sa théorie de la sexualité, une étude approfondie démontrant l'existence d'une sexualité infantile. Autrement dit, un constat prouvant – selon les termes même du père de la psychanalyse – la « tendance primordiale de l'homme au plaisir ». On peut comprendre l'émotion que ce praticien a suscitée, d'abord dans sa cité viennoise, puis dans l'Austro-Hongrie puritaine de l'époque, et enfin dans toute l'Europe.

Pourtant, les six périodes de l'évolution de l'enfant qu'il a décrites n'ont guère été valablement remises en cause depuis. Elles soulignent la réalité de ce plaisir, éprouvé à chacun des stades. À savoir, de la naissance à treize-quatorze ans, avant d'en poursuivre l'expérience dans la vie adulte :

- ***Stade oral primitif :*** plaisir oral lors de la succion (sein ou biberon).
- ***Stade oral tardif :*** plaisir de la morsure du sein maternel.
- ***Stade sadique anal :*** plaisir de la rétention-expulsion des matières.
- ***Stade phallique :*** plaisir manipulatoire de l'organe génital.
- ***Période de latence :*** prise de conscience de la vie sexuelle.
- ***Stade de la puberté :*** déplacement vers autrui de la pulsion érotique.

Il est important de préciser que pour Freud, l'érotisme (qui doit son nom au dieu grec de l'amour, Éros) désigne tous les émois du parcours humain, de la tendresse maternelle aux rapports sexuels, de la camaraderie à l'amitié. Le verbe « aimer » prend donc ici un large sens qui couvre toutes les manifestations affectives, reçues et données. De plus, Freud accorde au mot « plaisir » ce même sens élargi, en observant précisément l'étendue du champ qu'il recouvre (physique, intellectuel, matériel, etc.). Cette observation lui a montré que notre fonctionnement mental est régi à la fois par ce qu'il nomme le « principe de plaisir » qui – avec le souvenir de nos émois infantiles en nous imprimés – nous pousse à obtenir la satisfaction immédiate de nos pulsions, et le « principe de réalité », qui nous impose le contrôle de celles-ci.

Nous venons d'insister sur les mécanismes du plaisir, pour en valoriser l'importance dans la vie de chacun de nous. Nous la lui devons d'ailleurs. Il est évident, puisque le plaisir est intimement lié à l'acte sexuel, que l'espèce humaine serait depuis longtemps éteinte s'il n'existait pas !

Le plaisir, qu'il s'agisse de l'émoi érotique sous toutes ses formes ou des diverses satisfactions personnelles que nous pouvons éprouver au quotidien, est une sensation joyeuse et gratifiante, à laquelle nous avons tous droit. Comme le rire et l'humour, le plaisir a été longtemps jugé coupable par notre société latine « interdictive ». Que n'a-t-on pas dit, notamment sur la masturbation et ses soi-disant maladies conséquentes, ce jusque dans les années 1950 au moins ? Il n'est pas étonnant que par un effet de balancier, nous ayons assisté ensuite à une trop grande libération des mœurs, lorsque cette même société est devenue permissive. L'idéal est dans le juste milieu.

Celui du plaisir sain et équilibrant, que nous vous souhaitons.

c) L'amitié

Dans la mouvance philosophique actuelle, nombre d'entre nous se disent en « quête de sens », s'inquiètent sur la façon de « produire du sens », quand ils ne s'interrogent pas gravement sur le « sens de la vie ». Ces expressions, vous l'avez remarqué, font florès. Il s'agit d'ailleurs moins, en les employant, de trouver des réponses que de se poser des questions ! Sur ce principe, nous pouvons nous demander si le sens même de la vie, en dehors de toute métaphysique, n'est pas l'Amour, tout simplement. Oui, avec un grand A. Être aimé, s'aimer, aimer, n'est-ce pas notre raison d'être ? Cette trilogie n'est-elle pas en soi le bon sens même ? À la fois pour chacun de nous, une logique et une trajectoire émotionnelles.

La cellule familiale, quelle soit biologique ou substitutive, est notre premier « lieu d'amour ». Nous sommes marqués à vie par l'affection que nous y avons reçue et ne cessons plus tard de vouloir la retrouver, consciemment ou non, dans nos relations. Qu'elles soient à nouveau familiales, ou bien amoureuses, professionnelles, amicales. C'est clair, nous sommes donc mieux « formés » à recevoir qu'à donner. À l'évidence, l'homme plus que la femme, qui, elle, est faite pour donner la vie, guidée par son instinct maternel.

L'amour demande donc un effort, puisque ce n'est pas une disposition naturelle de l'*Homo sapiens*... plutôt porté par nature à la guerre ! Lorsque nous devenons adultes, être aimé, cela ne veut pas dire attendre passivement comme un nouveau-né, mais se faire aimer, donc être « aimable ». S'aimer, c'est accepter de faire avec soi, tel qu'on est. Aimer, c'est faire avec l'autre, s'ouvrir, s'offrir à lui. Tel est, en quelque sorte, notre viatique.

Hors du cocon familial, c'est à l'école que nous commençons véritablement notre relation aux autres. La camaraderie est, en grandissant, la première forme d'amour échangée à l'extérieur. Avec ses temps forts de complicités, d'enchantements, de disputes, de réconciliations, elle est l'antichambre de l'amitié. La façon adulte d'entretenir son âme d'enfant.

Il est préférable d'avoir peu d'amis, mais de bons amis, dit avec raison la formule populaire. C'est-à-dire des personnes avec qui, bien que n'étant pas liés familialement, nous échangeons une solide affection réciproque. Lorsque l'ami est un copain d'enfance, la relation jalonnée par les mêmes étapes est rodée, puisqu'on fait route ensemble depuis l'école. Quand l'amitié naît lors d'une rencontre, au travail, chez d'autres amis, dans une association ou un club de vacances, le train est à prendre en marche ! Dans ce cas, en effet, chacun se présente avec son histoire, son éducation, sa formation, ses croyances, ses opinions, ses projets, etc., autant de points susceptibles de créer davantage le désaccord que l'entente !

C'est pourtant l'addition de ces différences éventuelles qui peut créer la complémentarité et tisser progressivement un lien fort. À condition qu'il y ait une volonté d'enrichissement mutuel et une grande tolérance. Parce que, en soi, la véritable amitié est une guerre... qu'on a décidé de ne pas se faire !

3. La joie de vivre

a) L'enfance

Si nous gardons l'empreinte de la tendresse maternelle dans l'univers lacté de nos premiers mois, nous portons avec, blotti au fond du cœur, le souvenir marquant de toute notre enfance. Est-ce vraiment un souvenir d'ailleurs ? Ne restons-nous pas, notre vie durant, de « grands enfants », selon l'expression – c'est-à-dire des juniors toujours prêts à s'étonner –, cachés dans un corps d'adulte ? Et de fait, ne continuons-nous pas à vivre au présent dans ce monde merveilleux, à travers les enfants qui nous entourent ?

Ceux-ci nous remémorent, par leurs jeux, leurs drames, leurs rires, le temps magique où nous n'étions pas encore prisonniers des convenances sociales ! Où nous avions le droit de pousser des cris joyeux dans la cour de récréation comme à la maison. Et aussi, d'éclater en sanglots devant la cheminée, quand le Père Noël n'avait pas apporté le jouet commandé !

L'Analyse Transactionnelle nous a plus haut indiqué le fonctionnement de cette famille virtuelle que nous abritons dans notre psychisme, les états du Moi Parent, Adulte, Enfant, et précisément la place de choix qu'y occupe le dernier nommé. Rappelons-nous qu'il est le siège même de nos désirs, émotions et sentiments, et partant le « starter » de tous nos élans.

Il est donc judicieux d'entretenir cette enfance en vous, dans les actes de la vie quotidienne, à tous les âges de la vie.

C'est bien :

- ***Sa fraîcheur*** qui préservera ce brin de bonne humeur et d'humour qu'il faut conserver... devant l'augmentation régulière de l'essence.
- ***Sa spontanéité*** qui vous autorisera, dans votre cuisine inondée, à agonir ce plombier qui a mal fixé les joints de vos robinets d'évier !
- ***Sa liberté*** qui vous permettra de ne pas retenir votre émotion et de pleurer encore... en revoyant pour la troisième fois le film *Titanic !*
- ***Son naturel*** qui vous invitera à monter dans le *scenic railway* avec votre petit-fils... alors que vous avez le vertige et une peur bleue !

Rappelez-vous aussi ce temps heureux où votre tête n'arrivait pas à la ceinture des adultes. Vous étiez donc plus incliné à regarder vers le sol qu'en hauteur. Pour voir évoluer votre train électrique sur le parquet ou faire marcher votre poupée. Pour peut-être également rencontrer le regard brillant et malicieux de votre chien, ou celui, bridé et félin de votre chat, ces fidèles et tendres compagnons, toujours à vos pieds ou sur vos genoux.

Ce n'est pas un hasard s'il y a aujourd'hui en France quelque douze millions de chiens et quinze millions de chats dans les foyers. Donc, des millions de personnes qui ont certainement eu des animaux de compagnie dans leur enfance. Comment ne pas parler d'eux dans ce chapitre consacré à l'amour ? Leur intelligence et leur affection, qui participent à notre joie de vivre, nous montrent chaque jour que ces animaux… ne sont pas si bêtes !

b) La nature

Il est commun de rappeler que notre corps contient tous les oligo-éléments – indispensables au fonctionnement du « vivant » – qui existent dans la nature (tels le fer, cobalt, manganèse, magnésium, etc.). Comme il est banal de dire que, pour vivre, l'oxygène, la lumière et la chaleur solaire nous sont indispensables. Nous sommes donc « en affinité » avec l'Univers.

À tel point que les philosophes anciens ont pu se risquer à penser que la nature avait besoin d'un témoin doué de vue et de raison, pour vivre de concert ! Elle aurait pour ce faire créé l'homme, avec son intelligence et sa sensibilité.

À l'origine, celui-ci n'a pu qu'être effrayé par les monstrueux caprices de son hôte, à type de déchaînements de forces inouïes, heureusement entrecoupés de bienfaisantes accalmies. Il a ensuite apprécié les ressources qui lui étaient offertes pour survivre et prospérer. Et il a cherché à comprendre les mécanismes des quatre éléments en présence, la terre, l'eau, l'air et le feu. Puis au fil du temps, avec sa pensée évolutive qui a débouché sur la science, l'*Homo sapiens* a de mieux en mieux défini les rythmes, les combinaisons, les finalités de son environnement. Il s'est aussi attaché à cette Terre-Mère nourricière qu'il a progressivement aimée. Jusqu'à récemment prendre conscience, en tant que locataire, de ses propres nuisances. Et déduire enfin aujourd'hui qu'il doit protéger le globe terrestre, précieux bien de tous ! Saura-t-il joindre l'acte à la pensée ?

Au cours de cette histoire en marche, il y a quelque quarante mille ans – hier à l'échelle du temps – l'homme de Cro-Magnon, notre récent ancêtre, s'est mis à graver et peindre la roche. Pour y reproduire les premiers plans de sa vision : aurochs, bisons, hyènes, lions…

Son œil, devenu appareil photographique, venait d'inventer l'art. Et avec lui, la beauté.

Nos livres scolaires pourraient nous faire penser que l'« esthétisme » est ainsi né et s'est localisé en France, d'autant que des peintures rupestres y sont régulièrement découvertes. Ne soyons pas chauvins : les paléontologues savent nous rappeler que des fresques peintes à la même époque dans des grottes ou à ciel ouvert existent en Asie, aux Indes, en Australie, etc. Ce qui prouve que les hommes en cause, à des milliers de kilomètres de distance, sans moyens de communication entre eux, étaient habités par le même plaisir de voir et de reproduire leur environnement. Et qu'ils éprouvaient la même « émotion esthétique », propre à notre espèce.

Nous n'avons pas changé aujourd'hui, heureusement. Une côte sauvage battue par le vent, un fleuve serpentant dans une gorge rocheuse, une chute d'eau tumultueuse, un coucher de soleil derrière les dunes de sable d'un désert, un volcan en éruption dans la nuit sont autant de scènes qui nous émeuvent et que nous avons envie de capturer sur une pellicule ou une toile. Parce qu'elles nous donnent une joie profonde, parfois jusqu'aux larmes.

Au temps du gris béton, il est également bon d'aller vous mettre au vert d'une campagne, au blanc d'une montagne ou au bleu d'une mer proche. Souvent !

c) Le bonheur

Les yeux d'un homme et d'une femme se rencontrent dans le métro. Leurs inconscients communiquent aussitôt. Le même sourire se dessine sur leurs lèvres. Ils vivent, ensemble, un bref instant de communion. La femme descend à la station, se retourne vers lui, l'homme la fixe, légèrement penché en avant, comme aimanté et figé à la fois. Nouveau regard, nouvelle seconde fusionnelle. Trop tard ! Les portes se referment. Le métro repart. Deux destins se séparent. Se recroiseront-ils ?

C'est peut-être cela le bonheur : un temps hors du temps. Fulgurance pour l'un, instant d'éternité pour l'autre, qui sait ? Un vol arrêté pour nos deux voyageurs. Alors que le plaisir est mouvement, le bonheur, lui, est repos, suspension. Arrêt sur image, diraient les gens de cinéma.

Au vrai, il est bien difficile de définir le bonheur, « jouissance infinie de l'être » que rapporte le philosophe Spinoza. Cet état n'est-il pas de l'ordre de l'intime, du mystérieux, donc de l'incommunicable et par là, impossible à « mettre en mots » ? Et s'il est entendu comme perfection, alors il n'est pas de ce monde pour notre condition humaine !

Ne serait-il pas comme ce grand hôtel voisin de l'autoroute, vers lequel on roule en pleine nuit ? On distingue son enseigne bleue, on s'en rapproche, on le voit distinctement, puis, zut !, on ne prend pas la bonne bretelle… et on le rate ! Derrière l'humour, voyons ici le bonheur, tel qu'il est en fait : un idéal que l'on s'efforce d'atteindre. En cela, il redevient humain car il implique la progression, l'effort, le recommencement, dont nous sommes capables, pour nous améliorer. Il implique aussi en de multiples domaines, planification, recherche, découverte, qui constituent une suite de surprises, de joies, de récompenses parfois. Dans tout déplacement, ce n'est pas le but qui est véritablement excitant, c'est d'abord le projet, puis le voyage !

Ce cheminement vers un bonheur incertain ne doit pas nous déprimer, encore moins nous décourager ! Il est de fait une question de représentation, de signifiant individuel. Perçu comme une ligne d'arrivée – assimilable pour certains à la mort et à un paradis à gagner – le « bonheur symbole » nous renvoie de la sorte aux étapes de notre route, qui peuvent constituer, elles, avec nos tâches accomplies, des moments de pause sublimes, de plénitude, sur notre route terrestre. Des petits ou des grands bonheurs, en somme.

Si le bonheur consistait en une seule addition de plaisirs permanents, il faudrait que ceux-ci aillent crescendo, pour garder quelque saveur. C'est bien le cas de ces personnes riches qui s'obsèdent à vouloir gagner toujours plus pour s'offrir tous les contentements matériels. Lorsque plus aucune possession ne peut les ravir, tristes et blasés, elles perdent la plus belle richesse : l'espoir.

Si, en revanche, nous voulons bien considérer le bonheur, comme un cadeau, une promesse, un «à-venir», tout en vivant sagement, alors il y a beaucoup de chances pour que nous le rencontrions encore, un beau jour. L'important est d'être prêt à le recevoir. Dans le métro, ou ailleurs !

Exercice n° 16

Soyez heureux !

Vous avez été marqué(e) vous aussi par vos rencontres, leurs circonstances et les suites heureuses ou non, qui en sont nées. D'autres sont évidemment à venir qui vous marqueront encore. Il est intéressant pour vous de réfléchir à ce qu'elles vous ont apporté à tous les niveaux, et à ce que vous attendez des suivantes, pour enrichir votre vie.

Nous vous proposons le plan de réflexion suivant :

➠ Recensez les différents désirs que vous avez éprouvés au fil de vos contacts humains, et leurs réalisations. Détaillez les désirs que vous avez actuellement.

➠ Pensez à la forme ou aux formes d'amour que vous avez vécues, et à celle que vous attendez éventuellement.

➠ Notez les plaisirs que vous avez aimés, que vous aimez prendre et ceux que vous espérez à nouveau partager.

➠ Faites le point sur votre réseau d'amis. Positionnez-les sur des cercles, du plus près du centre au plus éloigné, en mentionnant les amis d'enfance, les amis intimes, les copains, les relations, etc. Tirez vos conclusions de ce diagramme.

➠ Souvenez-vous de votre enfance, des faits et des émotions qui l'ont jalonnée. Rappelez-vous les rapports que vous aviez avec vos camarades et avec des animaux de compagnie éventuels. Notez les réflexes affectifs que vous avez gardés de cette époque et les occasions où ils vous reviennent à présent.

➠ Songez à vos rencontres avec la nature et à leur fréquence. Remarquez les bénéfices qu'ils vous apportent aux plans physique et psychique.

➠ Faites la différence entre le plaisir et le bonheur dans votre existence. Visualisez vos moments de «vrai» bonheur éprouvés anciennement et récemment.

En bref

➢ En naissant, nous sommes en quelque sorte des êtres inachevés, contrairement à d'autres quadrupèdes qui se dressent immédiatement sur leurs pattes.

➢ Nous avons besoin de signes de reconnaissance et de marques d'attention mais également, en grandissant, nous souhaitons de la considération.

➢ Il ne s'agit pas de s'effacer au profit de l'autre, mais dans un contexte d'égalité, de s'autoestimer et d'avoir une valorisante opinion de soi.

➢ Comment prétendre s'occuper des autres, si l'on ne s'occupe pas d'abord de soi ?

➢ L'amour est une entreprise difficile, un double jeu d'émission-réception. Il n'est pas exempt de dangers qui doivent être recensés par l'autoquestionnement.

➢ L'amour est créativité et renouvellement. Il est un repas partagé, composé des provisions que chacun apporte. C'est avec et sans jeu de mots, l'« art des mets ».

➢ La haine de soi isole, aigrit, rend malade. La vraie beauté est celle de l'âme.

➢ Acceptez-vous et optez pour une nouvelle vision du monde, avec les yeux de l'amour.

➢ Nos trois désirs fondamentaux sont la faim, la soif, la sexualité.

➢ Pour recevoir, il faut donner.

➢ Classiquement, il y a trois formes d'amour : captatif, oblatif, communion.

➢ Pour Freud, l'érotisme désigne tous les émois du parcours humain.

➢ Le plaisir est une sensation joyeuse et gratifiante, à laquelle nous avons tous droit.

➢ La trilogie «être aimé-s'aimer-aimer» est une trajectoire émotionnelle.

➢ La véritable amitié est une guerre qu'on a décidé de ne pas se faire.

➢ Il est judicieux d'«entretenir votre enfance» en vous.

➢ Le spectacle de la nature peut donner une joie profonde, parfois jusqu'aux larmes.

➢ Le bonheur est une «jouissance infini de l'être», selon le philosophe Spinoza.

➢ Il est sage de considérer le bonheur comme un idéal à atteindre, un «à-venir».

Notes personnelles :

. . . .

. . . .

. . . .

. . . .

. . . .

. . . .

. . . .

. . . .

. . . .

. . . .

CHAPITRE VIII

La spiritualité

Alors que la philosophie grecque ancienne aimait traiter des « choses de l'esprit » sur le forum, la civilisation judéo-chrétienne s'est plutôt évertuée ensuite à les aborder en milieu fermé. Pour sa part, la spiritualité, avec sa forte connotation divine, a longtemps été le domaine réservé des gens d'Église. Jusqu'à présent, il n'était pas habituel d'évoquer le sacré, la foi, l'âme, dans le débat public. Ne camoufle-t-on pas encore avec soin la mort et son environnement ?

Dans sa véritable acception d'« exercice des fonctions de l'esprit », et avant même d'évoquer toute idée de religion, la spiritualité est pourtant une source d'émotions profondes, qu'il y a lieu de laisser jaillir. Elle commence heureusement à être prise en compte par de nombreux secteurs des relations humaines. La remettre à sa juste place, c'est redéfinir la culture, qui n'est pas le seul fait d'une élite. C'est évacuer nos conditionnements infantiles néfastes. C'est admettre qu'il existe, tout respect gardé pour les cultes, une spiritualité comme une foi exercées hors des dogmes.

Ces états d'esprit et d'âme impliquent de croire d'abord en soi pour mieux aborder ensuite les éventuelles doctrines proposées.

Découvrons ensemble cet univers spirituel.

1. La culture

a) La famille

Fini le nirvana des douceurs utérines : dès notre irruption en ce monde, il nous faut le subir, d'abord dans le cadre étrange et blafard de la maternité, à travers une suite de contraires dérangeants, éprouvants mêmes : chaud et froid, obscurité et lumière, bruit et silence, solitude et compagnie, faim et satiété, entre autres. Autant de situations opposées auxquelles nous sommes confrontés, autant de ressentis tour à tour apaisants et anxiogènes, que notre cerveau de nourrisson enregistre et est contraint de gérer. Bref, nous devons nous accommoder tant bien que mal à ce premier environnement machiavélique de plaisirs et déplaisirs !

Dans la famille ensuite, où nous nous éveillons au réel, sont présentés très vite à l'appréciation de nos sens, le bon et le mauvais, le vrai et le faux, le beau et le laid, etc. Puis, Maman et Papa proposent à nos jugement et expérience, généralement dans le droit-fil de leur propre éducation, ce qui constitue pour eux le permis et le défendu, le bien et le mal, l'utile et le néfaste, le nécessaire et le superflu, etc. Que nous ressentons et traduisons, à l'image de nos premiers jours, en actes plaisants ou déplaisants, selon notre adhésion ou pas à ces principes !

Nous commençons donc notre vie sous le signe d'une constante dualité, qui investit complètement nos pensées comme notre champ émotionnel, et que nos parents ou substituts parentaux entretiennent, volontairement ou non avec, notamment, des permissions et interdictions mêlées. De la sorte, nous recevons à l'âge tendre ce que l'Analyse Transactionnelle appelle des injonctions, nées de la perception du discours parental et interprétées par nous négativement ou positivement : *n'existe pas, ne grandis pas, ne pense pas, n'agis pas, n'éprouve pas d'émotions, ne réussis pas, ne sois pas sain d'esprit, ne sois pas bien portant, ne te lie pas, ne sois pas intime, etc. Leurs pendants positifs correspondent bien sûr au contraire : existe, grandis, pense, agis, aime, réussis, sois sain d'esprit et de corps, liant, proche...* [1].

---

1. Concept des psychologues américains M. & R. Goulding.

Par ailleurs, la subtile observation d'un autre praticien américain, Taibi Kahler, a permis d'établir que nous nous soumettons, parfois à vie, à des prescriptions de nos parents – déduites de leurs « finesses verbales » également enregistrées dans l'enfance – qu'il appelle des « messages contraignants ».

Ceux-ci sont au nombre de cinq, dont un ou deux peuvent nous affecter au quotidien : *sois parfait* (contrôle tout), *fais plaisir* (satisfais le désir de l'autre), *acharne-toi* (fais constamment des efforts), *sois fort* (cache tes émotions), *dépêche-toi* (sois toujours pressé). La psychologie française[2] en ajoute un sixième : *sois conforme* (fonds-toi dans la masse).

Il est clair que, sans pour autant culpabiliser nos parents, nous devons nous dégager de ces carcans culturels, peaufinés par notre imagination. Ce sont des entraves à notre épanouissement spirituel, donc à notre autonomie.

b) Les éducateurs

Nous venons de voir comment, avant l'âge de 5/7 ans, nous esquissons déjà notre « façon de vivre » d'adulte, au vrai un véritable « plan de vie », que Berne, le concepteur de l'Analyse Transactionnelle, nomme le « scénario ». L'objectif ultime de ce modèle de communication est de nous permettre de modifier ledit plan, lorsqu'il est asservissant et handicape fâcheusement nos rapports autopersonnels et sociaux.

Avec l'ingénieux concept de scénario de l'« A. T. » nous mettons l'accent sur une disposition particulière de l'esprit humain : *la croyance* et, en l'occurrence, *les croyances,* qui prennent source en milieu familial et se consolident dans l'environnement éducatif. C'est effectivement parce que, enfant, nous nous persuadons par autosuggestion que nos parents, grands-parents ou éducateurs (instituteurs, professeurs, ecclésiastiques, moniteurs, etc.) nous transmettent des consignes, pour ainsi dire la vérité, en forme d'ordres à vie – permissions ou interdictions – que nous croyons devoir les suivre. Et décidons de les observer dans notre vie adulte. « Comme disait mon père… », entend-on souvent, avec un proverbe à la clef !

2. Travaux de Meyer Ifrah.

Il existe ainsi cinq croyances de base, venant de notre état du Moi Enfant, et pouvant se résumer chacune par un ou deux mots, à savoir :

- ***Jamais*** (interdiction) *:* « Je n'arriverai *jamais* à conduire une voiture. »
Traduction : « Je suis craintif donc je ne peux pas avoir de voiture. »

- ***Toujours*** (condamnation) *:* « Je ne serai *toujours* qu'un exécutant. »
Traduction : « Je ne suis pas capable de commander donc d'être un chef. »

- ***Avant*** (attribution conditionnelle) *:* « Je ne serai rien *avant* mes 40 ans. »
Traduction : « Je dois mériter ma situation par une longue attente. »

- ***Après*** (interdiction liée au temps) *:* « *Après* 50 ans, je serai vieux. »
Traduction : « Ma vie sera terminée passée cette limite d'âge. »

- ***Sans cesse*** (prescription de « non-fin ») *:* « Je dois *sans cesse* travailler. »
Traduction : « Je n'ai pas le droit de me reposer sinon je serai en faute. »

Nous le constatons, l'émotion dominante ci-dessus est la tristesse, escortée par des sentiments de résignation et de culpabilité, issus des réflexions entendues. On imagine les dégâts que peuvent faire de telles croyances dans une existence par leur négativité même… et du même coup, l'immense intérêt qu'il y a à s'en débarrasser ! Pour cela, il faut bien entendu en prendre conscience et redécider les éléments de notre propre plan de vie.

Vous vous reconnaissez dans l'un de ces scénarios ? Il ne s'agit pas, nous le répétons, d'accuser parents et éducateurs successifs et pour finir, de vous lamenter. Il convient essentiellement de reconnaître votre responsabilité dans le processus précocement mis en place, sans pour autant culpabiliser, attitude et symptôme culturel « bien de chez nous » !

Cette position d'adulte prise, oui, il vous est possible de stopper ces automatismes dévastateurs pour retrouver votre authenticité. Et libérer vos émotions à type de joie, de colère pourquoi pas, si longtemps contenues !

c) Les leaders d'opinion

En intitulant le présent chapitre « La spiritualité », nous utilisons ce mot pour désigner l'ensemble des croyances et exercices concernant la vie spirituelle, soit la globalité des convictions et des pratiques engendrées par la pensée. Nous venons d'appréhender une première série de croyances qui prend son origine dans la sphère éducative. Nous approcherons dans les séquences suivantes les autres modes de croyances.

De même, il convient de s'arrêter quelques instants sur le mot « culture ». Avec lui, nous voulons parler de l'enrichissement de l'esprit. C'est bien au creux du terreau familial qui a initialement abrité, avec notre enveloppe corporelle, notre graine spirituelle, que nous commençons la culture de cet esprit en herbe, et la poursuivons ensuite auprès de nos différents éducateurs. Le vocable a encore ici le même sens que l'action de cultiver la terre. Tout peut changer quand la métaphore sort du cercle éducatif !

Posséder une bibliothèque et une discothèque fournies, connaître le répertoire des grands auteurs, savoir par cœur les principaux chapitres des livres religieux, avoir en tête les dates importantes de l'histoire de France, écouter et voir sur les antennes toutes les émissions littéraires, courir expositions et galeries à la mode, parcourir la planète et ses mégalopoles sur les circuits des tour-opérateurs… est-ce vraiment cela se cultiver ou être cultivé ? N'est-ce pas plutôt, en l'espèce, stocker du savoir et des images de Caméscope, comme on engrange du blé et du maïs après la récolte ? Quand l'épi est gorgé de grains trop lourds, il penche la tête… au risque de se rompre le cou. « Il vaut mieux une tête bien faite qu'une tête bien pleine », dit l'adage.

Qu'on le veuille ou non, il y a tout de même une grande différence entre le comportement boulimique malicieusement décrit ci-dessus – impliquant surtout une bonne mémoire, laquelle n'a jamais été une preuve d'érudition – et une volonté de recherche, d'appréciation, de vécu personnel de la culture !

Aujourd'hui, nos « instituteurs pour grandes personnes » sont les leaders d'opinion télévisuels, incontournables pourvoyeurs d'informations politiques, scientifiques, historiques, artistiques, etc. Ils possèdent d'ailleurs le plus souvent un réel talent pédagogique et une personnalité attachante, qui nous font éprouver un plaisir certain au spectacle de leurs prestations audiovisuelles. Mais… regarder et entendre des écrivains présenter une synthèse de leurs derniers livres autour de l'animateur n'équivaut évidemment pas à la lecture attentive de ces ouvrages. Ce que d'aucuns croient pourtant !

En revanche, découvrir la qualité de gens de plume chez de vrais libraires, revenir à la philosophie grecque, s'intéresser à la psycho-sociologie et aux autres sciences humaines, aller écouter des concerts de musiques rares, assister à des conférences, analyser une presse diversifiée, prendre en voyage les chemins de traverse qui mènent chez l'habitant, et même écrire son journal intime, c'est penser à nouveau par soi-même et vivre de nouvelles émotions. C'est alors passer du *savoir* à la *connaissance !*

EXERCICE N° 17

Pensez par vous-même !

Dans le cadre de notre histoire personnelle, nous avons reçu une éducation que nos divers « formateurs » ont cru la meilleure possible. L'Analyse Transactionnelle postule que chacun de nous a intériorisé cette marche à suivre sous la forme d'un « plan de vie » (le scénario) comprenant des permissions, des interdictions et un programme qui, en fonction de nos croyances enfantines, nous a fait prendre des décisions directrices précoces.

Selon cette hypothèse, et le « conducteur » ci-dessous, nous vous invitons à « revisiter » votre plan de vie pour, si vous le jugez utile, « redécider » certaines conduites non adaptées, puis faire le point sur votre vie culturelle.

➠ Quelles contradictions éventuelles avez-vous perçues dans les directives de vos parents ? Quelles interdictions et permissions avez-vous cru recevoir ?

➠ Ces injonctions enregistrées vous apportent-elles une gêne aujourd'hui ? Fonctionnez-vous sur un ou plusieurs « messages contraignants » ? Si oui, comment comptez-vous vous en libérer ?

➠ Quelles étaient vos croyances de base ? Les observez-vous toujours ?

➠ Quels proverbes ou maximes vos parents redisaient-ils souvent ? Les répétez-vous à votre tour ? Quels éducateurs vous ont impressionné ? Quelles étaient leurs formules positives et négatives ? Vous sentez-vous inféodés à leurs conseils ? Si oui, lesquels ?

➠ Quelles émotions, quels sentiments gardez-vous de votre période éducative?

➠ Qu'est-ce que la culture pour vous? Fréquentez-vous les musées? Les leaders d'opinion vous influencent-ils? Que faites-vous en matière de développement personnel?

➠ En fonction de vos observations et de vos réponses aux questions ci-dessus, pensez-vous devoir prendre des «redécisions»? Dans l'affirmative, quels changements vous semble-t-il nécessaires d'opérer pour reconquérir votre autonomie? Comment? Quand?

2. La religion

a) La pensée magique

Nous nous émerveillons sans cesse devant les beautés de la nature, mystérieuse et fantastique horloge «parlante». Ses vibrations sur quatre éléments n'offrent-elles pas à nos yeux, au gré des lieux et au rythme des saisons, maints spectacles fascinants; jubilatoires aussi, quand elles se propagent en ondes bienfaisantes, jusqu'au plus profond de notre être?

Nous apprécions la majesté et la sérénité des paysages lorsque la terre se fait jardin, la mer lac et le ciel azur, fresques toujours nouvelles, à même de nous inspirer d'apaisantes méditations. Mais nous savons aussi que, tel un cruel animal sauvage, cette nature peut à tout moment «faire une colère» et sortir ses griffes, possibilité qui entretient en nous une sourde appréhension.

Quand elle devient malheureusement réalité, comment oublier la violence soudaine et meurtrière de l'ouragan précité qui a dévasté la France quelques jours avant le passage au nouveau millénaire? Pourquoi ce souffle phénoménal et mystérieux? De quelle façon justifier, au-delà des données scientifiques modernes, ce véritable «vent de folie», qui a tué hommes et animaux, qui a transformé les cheminées en projectiles et les arbres en fétus de paille? Alors se pose à nous, comme elle s'est posée à l'homme primitif, l'éternelle et lancinante question : l'Univers a-t-il un esprit, une âme qui sait?

Imaginons notre valeureux ancêtre sur le seuil de sa caverne : en réponse à son interrogation, il ne peut que se persuader de la réalité de forces occultes à l'humeur versatile, quand… le ciel lui tombe sur la tête ! Son « psychisme ascensionnel » – qui nous caractérise toujours – lui fait lever les yeux puis les bras vers le firmament pour chercher le dialogue avec cette puissance surnaturelle, pourvoyeuse de vent, d'eau, de neige et de grêle.

Ne vaut-il pas mieux, se dit-il, sympathiser avec elle en sollicitant ses bienfaits à l'aide de formules déférentes, de rituels incantatoires ? Conscient de sa petitesse, de sa vulnérabilité devant le cosmos, il demande humblement la pluie pour abreuver ses terres et effectivement… elle tombe ! Quand elle n'est pas au rendez-vous, il se convainc de la nécessité d'attendre le bon vouloir de l'intelligence supérieure !… Et il pleut plus tard !

L'hominidé vient d'inventer la magie ! Parce que croire, c'est imaginer, accepter, déduire, ressentir. De la sorte, emporté par son enthousiasme créateur, il personnifie l'invisible – qu'il suppose capable comme nous de pensées et d'actes – et il « humanise » le visible, tels ces objets qui se déplacent très haut dans le ciel. De fait, le soleil, la lune, les étoiles, les nuages même, autant d'émerveillements pour ses yeux, ne sont-ils pas des entités douées d'un esprit et d'une volonté, à même de commander la marche du monde ?

Ainsi, notre devancier, trompé par son regard d'enfant, a-t-il une fausse conception des phénomènes cosmiques, avec une « pensée magique ». Ainsi invente-t-il des grands horlogers, maîtres de l'Univers. Et partant Dieu avec !

b) La « reliance »

Il est facile de se moquer aujourd'hui de la magie pratiquée des milliers d'années derrière nous. N'oublions pas toutefois que cette tentative de domination de la nature fut, en quelque sorte, la première forme de pensée humaine. Elle eut le mérite d'initier le mécanisme des associations d'idées, propre à notre espèce, par le biais du symbolisme. Donner une âme aux choses, c'est rêver le monde, et de représentations en utopies, c'est voir, inventer… puis réaliser. Notre cerveau fonctionne toujours sur ce processus imaginatif aujourd'hui.

Le « raisonnement déraisonnable » primordial – devant une Création qui est bien loin d'avoir livré ses secrets au XXIe siècle – a donc bel et bien constitué le « socle psychologique » sur lequel s'est bâtie la culture humaine. De la vénération des dieux supposés à la découverte du feu et du fer, des peintures rupestres à l'invention de la roue. Magie, religion, technique, art, science, un enchaînement, une trajectoire à la fois logique et affective : que de fiévreuses passions, de vives exaltations, d'immenses enthousiasmes sur la route de l'homme ! Que d'émotions, tout court ! Et l'aventure n'est pas finie…

Ce lien horizontal ne connaîtrait sans doute pas sa fantastique force propulsive génératrice de progrès constants s'il n'était pas croisé par le lien vertical de nos croyances, pour sa part indéniable producteur d'« énergie psychique » à travers les âges, depuis les premières incantations magiques.

En faisant allégeance à la nature, en lui demandant des grâces, l'homme primitif tente de s'en rapprocher et de tendre la main à cette autre main invisible. Il comprend confusément qu'il n'a pas le droit de voir l'« Être supérieur », par définition surnaturel. Alors il glorifie, il sacralise cet esprit inatteignable, intouchable, au vrai, inconnaissable. Et, puisqu'il n'est pas l'« auteur de lui-même », notre ancêtre se relie par le cordon ombilical de la confiance à ce grand mystère de l'Univers, dont il se sent partie intégrante.

À l'épreuve des faits, et en s'ouvrant à la réflexion, l'homme-magicien découvre que ses incantations à visée manipulatoire n'ont pas d'action sur la « grande horloge ». Alors, au fil du temps, il s'incline et transforme son système de sauvegarde en actes de soumission. La conjuration devient prière. Le descendant des primates devient *Homo religiosus.* Et à sa parole lui répond celle de Dieu…

C'est la « révélation » et, par là même, la naissance des grandes « religions » (mot issu à l'origine du latin *religio,* venant de *relegere,* révérer puis, par extension, de *religare,* relier). Dieu ne se manifeste-t-il pas en remettant directement les *Tables de la Loi* à Moïse, les versets du Coran à Mahomet, les « Veda » (textes sacrés) de l'hindouisme aux maîtres spirituels ? Partant, les croyants admettent notre « reliance » à un Créateur, que nous l'appelions, dans nos diverses cultures et interprétations, le Tout-Puissant, Yahvé, Allah, Brahma. Ou encore le Grand Architecte de l'Univers, lorsque celui-ci est vu par certains comme un système ordonné relevant d'un principe premier.

c) La superstition

Ces grands cultes, qu'ils soient monothéistes comme les trois religions dites du Livre (judaïsme, christianisme, islamisme), ou polythéistes (hindouisme, entre autres) sont d'efficaces « aides à vivre et à mourir » pour notre difficile condition humaine. Malheureusement, les religions ont consisté aussi et consistent encore trop souvent à se transformer en organisations d'adeptes se donnant la « permission de tuer » leur semblable, incroyant ou d'une autre croyance. Alors que selon les paroles de leurs prophètes, elles prêchent toutes l'amour universel dans la ligne même des révélations divines reçues ! Nombre de pratiquants ont encore du chemin à faire en matière de « verticalité », qui devrait signifier élévation personnelle par la droiture morale et la bonté. « Que chacun suive sa pente pourvu que ce soit en montant », dit André Gide.

Il n'est pas inutile de nous attarder quelque peu sur cette « reliance » que l'homme ressent, interprète depuis l'origine et qu'il a entretenue à travers ses pratiques magiques, puis religieuses. Cette sensation d'appartenance au divin n'a-t-elle pas été mêlée à sa peur physique des éléments, son autre émotion profonde ? Ne l'éprouvons-nous pas toujours aujourd'hui ? Même celui qui se dit athée et cet autre agnostique – le premier ne croyant pas et le second jugeant notre esprit inapte à atteindre l'absolu – ne se sentent-ils pas en sympathie, pour ne pas dire en communion, « en émotion » avec la nature, que sa poésie soit muette ou bruyante, au gré des éléments ?

Une autre forme de « reliance » dont on ne peut faire l'économie ici est la superstition (du latin *superstitio,* survivant), cette croyance à des influences irrationnelles. Dans sa racine même, le mot contient une promesse :

Je serai protégé, je survivrai à l'événement, si je fais cette dangereuse escalade en montagne avec saint Christophe en porte-clefs (saint patron des voyageurs), ou la photographie des miens en médaillon !

Je peux gagner au loto, si je joue un vendredi 13 à 13 h 13min !

Autrement dit, à condition de sacrifier à un rituel donné (possession d'un « porte-bonheur », tel un trèfle à quatre feuilles, sur moi, un fer à cheval à la maison ou un gri-gri dans ma voiture), je bénéficierai d'un concours céleste, qu'on le nomme *chance, hasard, providence, fortune, destin,* mots en eux-mêmes synonymes de Dieu. Et si je néglige cet usage je risque un danger appelé alors *sort, malchance, guigne, déveine, scoumoune* (synonyme de « poisse » pour les Méditerranéens) ou encore malédiction, vocable à connotation diabolique.

Tandis que l'authentique sentiment religieux consiste à louer Dieu par l'adoration et la prière – sans rien demander en échange –, la superstition, elle, se caractérise par une sorte de « religion magique quémandeuse » qui renvoie aux croyances premières. Elle est critiquable parce que éventuelle inductrice de conduites illogiques ! Elle est compréhensible pourtant, quand elle donne la quiétude ou l'espoir. Il peut être bienfaisant de croire encore au père Noël !

3. La foi

a) Croire

Nous venons successivement d'« inventorier » – sans d'évidence pouvoir les développer ici – trois grandes formes de croyances en une ou des puissances supérieures[3] :

- ***La magie :*** avec ses règles et ses codes, qui a encore des adeptes aujourd'hui dans le monde entier, qu'elle soit blanche (en faveur d'une ou de plusieurs personnes), noire (contre quelqu'un ou un groupe) ou sorcellaire (vouée à la dévotion de Satan).

- ***La religion :*** née de ladite magie dans le bassin méditerranéen, dont les principaux cultes sont innombrables par leur diversité, et les pratiquants souvent plus près de la première procédure, quand ils demandent des faveurs à Dieu au lieu de l'adorer.

- ***La superstition :*** en soi pensée magique, prêtant à sourire, mais qui est toujours vivace, comme nous pouvons le vérifier au quotidien dans les comportements irrationnels de nos semblables… comme dans le nôtre quand, par exemple, nous touchons du bois !

---

3. Cf. notre livre *Le Guide des sciences parallèles* (De Vecchi ; 1997).

Ces « façons de croire » en une ou des forces occultes ne sont bien entendu pas exhaustives. Il faudrait les compléter par d'autres catégories de croyants, adhérents ou non à des mouvements religieux, qui regroupent les théistes (croyant à un principe divin manifesté), les déistes (acceptant l'idée d'un dieu), les spiritualistes (convaincus d'une intelligence suprême créatrice), les spiritualistes progressistes (qui ne croient pas à un dieu mais au progrès de l'évolution humaine), les matérialistes (postulant pour un principe organisateur du « vivant » siégeant dans la matière), etc.

Compte tenu de ceux qui croient qu'ils ne croient pas, cela fait beaucoup de monde et autant de points de vue qui fâchent ! Car si Dieu existe, qui l'a créé ? Et s'il n'existe pas, pourquoi l'Univers et l'Homme ? Chaque lecteur peut ici, avec son propre ressenti, devant ces questions aux réponses impossibles, prendre la mesure de l'incommunicabilité du sentiment de croyance !

Quoi de plus « énervant » que de tenir une chose pour vrai au fond de soi, oui, d'en être viscéralement persuadé, de jouir de cette plénitude... et de ne pouvoir en convaincre l'autre qui vit et ressent une vérité différente ! Quand les opinions sont jovialement exposées au café du Commerce, entre amis devant un apéritif, c'est folklorique ! Lorsqu'elles sont férocement hurlées sur le terrain, par deux camps rivaux, mitraillettes à la main, c'est dramatique !

Alors, il conviendrait qu'à cet instant une main divine arrête le film, que les corps se figent face à face dans leur élan meurtrier, que les armes tombent à terre et que les hommes se regardent pour se comprendre enfin. Ce principe créateur, qu'on le nomme ou non, n'est-il pas tout simplement en chacun de nous, pour le temps de notre vie ? Et croire d'abord en soi, n'est-ce pas soudain grandir, prendre de la hauteur ? Sans vouloir dominer l'autre !

b) Vivre

Une des choses les plus surprenantes sur cette terre n'est-elle pas, pour chacun de nous, d'être entouré de visages différents, d'en découvrir sans cesse de nouveaux ? De savoir ainsi qu'il existe six milliards d'hommes et femmes dissemblables ? De penser que chaque être qui naît à chaque seconde est encore et toujours nouveau, depuis le commencement de l'humanité ! Et que notre « rêve gémellaire » est une chimère puisque même les vrais jumeaux ne sont jamais parfaitement identiques ! C'est en soi hallucinant et pourtant il ne faut guère s'en étonner puisque la nature « en personne » se révèle une constante métamorphose, comme pour attirer, étonner, ravir à tout instant notre regard de témoin.

S'il y a eu naissance de l'Univers par les soins d'un grand ordonnateur, osons imaginer avec le poète que la matière ne pouvait se présenter uniforme à nos yeux avides, mais bien mieux, à la façon d'un kaléidoscope en mouvement. Alors ce fabuleux génie inventa les couleurs, fit en sorte que jamais ne circulent les mêmes nuages dans un ciel polychrome, que la mer déroule sans arrêt des vagues nouvelles, que la terre soit une riche palette de peintre, que le printemps y produise des centaines d'espèces florales versicolores aux mille parfums. Et il voulut que dans ce milieu multiforme aucun de nous n'ait donc le même visage, le même corps, la même carnation, les mêmes pensées, les mêmes réactions, les mêmes croyances !

Ainsi puis-je constater que, grâce à une foisonnante diversité, la monotonie m'est évitée pendant mon passage ici-bas, précisément pour favoriser l'expression de ma gamme émotive – en harmonie avec cette nature-modèle –, bref, pour me permettre de vivre, de bien vivre même ! Ainsi puis-je vérifier, en tant qu'être unique, que je suis libre de mes pensées, que je dispose d'un libre arbitre et par là, que la création m'offre de me comporter en « possesseur » et responsable de moi-même parmi les autres !

Dans l'ordonnancement du monde, plus haut évoqué, qu'il soit l'œuvre intelligente d'un dieu cosmique ou d'une déesse-nature, il apparaît que trois étapes ont marqué la conception universelle : *matière inerte, matière vivante, matière pensante.* Il est captivant de remarquer que la « pâte humaine » a levé tout au long de cette fantastique progression de la flèche du temps ! Précisément, en tant que matière vivante et pensante dans notre espace de liberté, il nous est donné de réfléchir et d'accomplir. C'est-à-dire, emportés et inspirés par ce monde en marche, de progresser dans et avec la société des hommes.

La spiritualité, vue en tant qu'exercice de l'esprit et non essentiellement comme un « appel au divin », est avant tout une force, une dynamique. En ce sens, elle ne doit pas faire de nous des « individus aux ordres ». Croire n'est pas attendre. Il ne convient pas de nous « pétrifier » dans la seule foi religieuse si nous l'avons, mais, par la foi en notre personne, de nous ouvrir à nous-même et aux autres. Dotés de volonté, de courage, mieux que des « êtres agis », nous sommes faits pour agir. « Aide-toi et le ciel t'aidera », dit le proverbe.

c) Mourir

Lorsqu'une personne pieuse se dit « reliée » à une entité par un contact, une vibration ou une onde quelconque dont elle ressent les effets, de quel droit pourrions-nous contester son affirmation ?

Ce n'est pas parce qu'un phénomène est invisible qu'il n'existe pas ou que nous pouvons le nier. D'ailleurs, ne dit-on pas que nous sommes sur la « même longueur d'onde » ou « en phase » en parlant de quelqu'un avec qui nous partageons les mêmes points de vue ? Il est bien question ici de l'échange d'une énergie mystérieuse qui crée un lien immatériel entre les interlocuteurs. Comment mieux l'imager qu'avec le vocabulaire propre à la « fée électricité » ? Parce que le courant électrique, fluide vital, tient lui aussi du magique.

Parmi les inventions modernes, le téléphone, la radio, la télévision, puis l'ordinateur – qui n'existeraient pas sans l'électricité –, ont tour à tour bouleversé nos habitudes en supprimant les distances. Aujourd'hui l'*Homo electronicus* n'en finit pas d'ouvrir de nouvelles fenêtres sur le monde. Et du coup, portable à l'oreille dans la rue, nous sommes maintenant tous reliés ! Tellement reliés que ces « cordons ombilicaux » artificiels deviennent… des fils à la patte ! Par ondes interposées, le représentant subit la pression constante de son chef des ventes et l'automobiliste reçoit des salves de spots publicitaires qui ne le détendent guère dans les encombrements ! Que survienne une panne d'électricité et nous sommes immédiatement paralysés. Au guichet de l'administration, l'ordinateur éteint stoppe tout dialogue entre le percepteur désarmé et ses contribuables courroucés ; à la maison, devant l'écran vide, parents et enfants soudain privés d'images à commenter ne savent plus quoi se dire, en mangeant leur repas froid !

Avec une coupure de courant peut surgir aussi un beau jour dans notre vie l'impression d'être « débranché » ! De notre famille où les valeurs se perdent, de notre entreprise où il n'est plus question que de productivité, de notre cercle d'amis qui ne discutent que de Bourse et d'argent, de notre Église qui s'accroche à des dogmes d'un autre âge et ne sait pas actualiser son discours... Alors nous ressentons comme un vide à combler, nous éprouvons soudain le besoin de parler, d'être écouté, et à l'image de celui ou celle que nous évoquions ci-dessus, de nous relier à une puissance régénératrice. Ne sommes-nous pas des « véhicules humains » qui doivent s'arrêter régulièrement pour faire le plein de carburant ou recharger les batteries ? Et se regonfler !

Ce monde frénétique et informatisé, plus épris de logiciels que de logique, vous donne le tournis ? Vous pensez que la vie passe très vite, trop vite, que vous la quitterez sans vous être vraiment réalisé ? En clair, votre « être intérieur » veut faire le point. Stop ! C'est peut-être le moment de vous rapprocher de ces stations-service que sont les diverses écoles de pensées. Elles sont nombreuses dans leurs formes, des « cafés-philo » aux sociétés savantes, du bouddhisme à la franc-maçonnerie. « Chose inouïe, c'est au-dedans de soi qu'il faut regarder le dehors », nous rappelle Victor Hugo.

EXERCICE N° 18

Exprimez votre foi !

Chacun dispose heureusement dans notre pays de la liberté de penser à propos de l'éventualité d'une « intelligence supérieure ». Comme il est libre de croire ou non en un Dieu révélé, d'appartenir à une religion ou à une société philosophique. La croyance ou l'incroyance est un fait personnel, intime même, qui peut avoir des répercussions bénéfiques ou au contraire maléfiques sur notre vie affective.

Nous vous suggérons de faire le point sur la foi susceptible de vous animer, dans tous les sens que recouvre ce terme, en répondant aux questions suivantes :

➠ Quels sentiments vous inspirent la magie primitive? Quelles sont vos réactions devant le déchaînement des éléments? Vous renvoie-t-il à une volonté divine?

➠ Gardez-vous de votre enfance une «pensée magique» (croyance en l'âme des objets, par exemple)? Croyez-vous à la chance, au hasard, au destin, etc.?

➠ Vous sentez-vous «relié(e)» à une entité? Si oui, quelles représentations en avez-vous? Priez-vous? Quelles émotions, quelles satisfactions éprouvez-vous alors?

➠ Si vous croyez en un Dieu révélé et pratiquez une religion, que vous apporte cette croyance dans votre vie personnelle et dans votre relation aux autres?

➠ Si vous n'êtes pas croyant, l'histoire des religions vous intéresse-t-elle néanmoins? Pensez-vous que les cultes ont une influence sur la vie quotidienne?

➠ Quelles différences faites-vous entre magie, religion et superstition?

➠ Êtes-vous superstitieux? Dans l'affirmative, recensez vos superstitions et remarquez ce que ces pratiques vous apportent en termes positifs et négatifs.

➠ Avez-vous foi en vous-même? Êtes-vous à l'aise dans le monde moderne? Si vous adhérez à une école de pensée, que vous apporte-t-elle au plan émotionnel?

En bref

➢ Nous commençons notre vie sous le signe des contraires (chaud et froid, obscurité et lumière, bruit et silence, solitude et compagnie, faim et satiété…).

➢ Nous la poursuivons sous le signe d'une constante dualité imposée à nos sens (bon et mauvais, vrai et faux, beau et laid, permis et défendu, bien et mal…).

➢ Nous avons reçu de nos parents des prescriptions, interdictions et permissions mêlées. Ces messages parentaux peuvent devenir de vrais «carcans culturels».

➢ Nos premières croyances s'élaborent à partir de ces consignes de nos parents et de nos divers éducateurs. Elles déterminent nos décisions et notre «plan de vie».

➢ Ce que nous appelons «culture» consiste souvent aujourd'hui en une seule «information médiatique». Nous devons réapprendre à penser par nous-même.

➢ Notre enfance nous a disposés à la «pensée magique» qui nous fait parfois donner une âme aux choses. Il est bon de «rêver le monde», mais il faut raison garder.

➢ La magie primordiale fait sourire aujourd'hui. N'oublions pas toutefois qu'elle est à l'origine d'une trajectoire bénéfique : «magie-religion-technique-art-science».

➢ Croire, c'est imaginer, accepter, ressentir.

➢ La «reliance» est de l'ordre de l'incommunicable. Cette sensation d'appartenance au divin reviendrait à être en communion, «en émotion» même, avec la nature.

➢ Les cultes religieux sont d'efficaces «aides à vivre et à mourir» tant que leurs dogmes ne se transforment pas en idées mal comprises et nuisibles à autrui.

➢ Alors que la religion est «adoration», la superstition se caractérise par une sorte de «religion magique quémandeuse». Nombre de croyants confondent les deux.

➢ Tenir une chose pour vrai au fond de soi ne veut pas dire que l'on détient la vérité.

➢ La foi commence par la foi en soi-même. «Aide-toi, le ciel t'aidera», dit le proverbe.

➢ «Chose inouïe, c'est au-dedans de soi qu'il faut regarder le dehors» (Victor Hugo).

Notes personnelles :

. . . .

. . . .

. . . .

. . . .

. . . .

. . . .

. . . .

. . . .

. . . .

. . . .

. . . .

. . . .

. . . .

. . . .

CHAPITRE IX

Le don de soi

Il y aurait à désespérer de l'homme, belliqueux par nature, s'il n'était pas en même temps habité par un sentiment de commisération pour la souffrance de ses semblables, à la différence des autres animaux. Cette pitié reste toutefois suspecte quand elle nous fait agir sur les effets de la misère et pas sur les causes.

Nous avons encore beaucoup de progrès à accomplir pour ajuster nos actes à notre devise républicaine « Liberté, égalité, fraternité ». Ce dernier mot de la trilogie, qui devrait nous faire considérer notre alter ego comme notre frère ou sœur de chair, donc l'aimer comme tel, mérite toute notre attention !

En entrant dans le IIIe millénaire, il faut espérer que nous laisserons derrière nous nos attitudes égoïstes des années fastes. Un nouveau temps d'ouverture à autrui paraît s'annoncer avec le formidable développement des associations humanitaires. Elles nous permettent en pratiquant le bien et en « donnant de nous-mêmes », de trouver dans l'action collective un épanouissement personnel.

Pour conclure, découvrons ensemble les joies de cet altruisme.

1. La compassion

a) La solidarité

Matière inerte, matière vivante, matière pensante… telle est donc notre progression, au fil de notre fantastique voyage sidéral, emportés par la flèche du temps. En tant qu'êtres « in-finis », ne nous reste-t-il pas encore à devenir matière aimante, au vrai et noble sens de ce terme ? C'est-à-dire cet *Homo amorosus,* qui s'estime lui-même, qui aime les autres, d'accord, mais aussi qui voit ces autres comme des égaux. Qui, donc, souffre de leurs souffrances ! Et qui compatit en leur tendant une main secourable pour les remettre debout.

Nous aurons vraiment atteint cette quatrième étape de notre développement quand ce sentiment de compassion sera devenu physiologiquement et psychologiquement émotion, à côté des cinq autres : peur, colère, tristesse, joie, amour… et compassion. Alors nous serons enfin passés *de l'humanité à l'humanitude,* selon le mot combien profond du généticien-philosophe Albert Jacquard.

Si l'idée de « reliance » des vivants à une force ou un Être supérieur – dont nous parlions il y a quelques instants – a pu introduire la notion de « sacré » dans notre existence et nous inciter au respect et à l'enterrement des morts, ce sur toute la planète, il est observable que nous n'avons pas universellement le même respect pour les vivants, nos frères ! Certes, contrairement aux bêtes qui abandonnent leurs congénères défavorisés, un esprit de solidarité propre à notre espèce nous engage généralement à assister nos plus faibles – enfants et vieillards –, à soulager les souffrants et à prendre en charge leurs divers handicaps…

… Mais en même temps un esprit de compétition, un désir de suprématie et possessivité – réalité humaine justement dénommée « hiérarchie de dominance » par le biologiste Henri Laborit – anime les peuples nantis. Il est incontestable qu'elle les pousse à tenir à distance les populations démunies avec seulement des aides alimentaires ponctuelles et des dons de matériels dépassés, à type de lunettes recyclées et de lits d'hôpitaux « relookés ».

Ainsi, pour simplifier, le Nord, géographiquement avantagé, tend à entretenir la misère du Sud en le maintenant en état d'urgence et de dépendance, quand il faudrait opérer des transferts technologiques massifs (et pas seulement Internet !). Autrement dit, l'Occident joue encore trop le rôle de pompier de service, alors qu'il devrait devenir le jardinier du monde !

Paraphrasant le prophète, on peut dire que le riche préfère donner du blé au pauvre, plutôt que de lui apprendre à semer. Nous pourrons vraiment parler de progrès humain quand, en France même, nous aurons appris à transmettre savoir et savoir-faire, dans le plein exercice de notre devise républicaine « liberté, égalité, fraternité », et le respect de la dignité des personnes des autres rives. Qu'il s'agisse d'un pays lointain ou du trottoir d'en face !

Ainsi, le mot « solidarité » retrouvera son sens authentique, magnifique en soi, issu de l'espagnol ancien *solidaridad :* « Qui offre le soleil » !

b) La charité

Il y aura toujours un observateur ou statisticien pour déclarer que notre analyse est caricaturale, que les choses vont au contraire de mieux en mieux, précisément grâce aux aides nationales et mondiales qui se multiplient.

Il n'empêche, les flux migratoires montrent, eux, que la géographie est têtue : l'homme ne peut pas encore faire pousser du blé sur tous les terrains arides, et – à l'image des troupeaux qui se déplacent au gré des pâturages – il se dirige lui aussi tout naturellement, vers les lieux où il peut survivre. Par ailleurs, comme existe une baisse de natalité persistante dans les pays industrialisés, ceux-ci ont besoin d'une main-d'œuvre supplémentaire et en auront besoin des années encore. L'homme du Sud est ainsi fait pour rencontrer l'homme du Nord, et inversement ! Ce constat, par sa simplicité même, permet à la fois de raisonner et d'exposer notre registre émotionnel à l'épreuve des faits. C'est ici, hors de toute considération politique et de volonté polémique, notre unique but, dans le cadre même de ce livre.

À la différence des animaux qui n'alimentent et ne soignent que leur progéniture au seul titre de la pérennité de l'espèce, nous autres humains – parce que l'intelligence de notre cœur peut dominer le

« biologique » – sommes capables autour de nous d'actes altruistes, parfaitement désintéressés.

Une dame rate la marche du trottoir en traversant la rue et s'étale de tout son long. Je me précipite pour l'aider à se relever. Elle a le genou « couronné », et souffre visiblement. Je la soutiens et l'accompagne chez le pharmacien proche qui lui prodigue tout de suite des soins.

Au moment de payer mon journal au kiosque sur le boulevard, un voleur m'arrache mon porte-monnaie et s'enfuit en courant. Sur le coup, je suis dépité, sans un sou pour rentrer chez moi. Un témoin, que je ne reverrai jamais, me réconforte et m'offre un ticket de métro.

Deux gestes, que chacun de nous est d'évidence à même d'accomplir, simplement par élan solidaire, voire instinctivement. Et de plus sans attendre de retour particulier, sinon d'éprouver après ces attitudes compatissantes le bref sentiment de satisfaction du citoyen attentif venant de faire son devoir.

Le schéma n'est pas tout à fait le même avec la charité. Lorsque je vois tous ces gens demander l'aumône aux feux rouges, sur les trottoirs ou les quais du métro, quel comportement dois-je adopter ? Être ému et donner, si je le peux, une pièce au plus grand nombre, en constituant pour cela un budget quotidien… ou être gêné et détourner résolument mon regard, jugeant que ces quêteurs sont tous des pochards, dont je n'ai pas à entretenir le vice ?

Au vrai, aucune des deux manières n'est la bonne. En distribuant quelques pièces selon mes moyens, donc sans me priver, je m'achète une bonne conscience… à bon compte ! En demeurant indifférent, je m'abrite derrière l'excuse facile de l'alcoolisme, mais au fond je ne suis pas tranquille, parce que je sais bien qu'il y a de vrais démunis parmi ces personnes !

Ainsi, après mon obole, cette exigence morale, je peux aller plus loin…

c) Le pardon

Aller plus loin, qu'est-ce à dire ? Il vaut mieux, certes, prendre le risque de donner quelques francs qui vont se transformer en un litre de vin rouge, tant pis, que de ne rien donner du tout et finalement priver de nourriture une personne qui, dans le lot des divers solliciteurs, a vraiment faim. Si celle-ci meurt dans la rue et l'indifférence, il sera trop tard ensuite pour s'apitoyer, en dînant tranquillement devant son écran de télévision !

On voit bien ici que la pratique de la charité place celui qui donne en position de supériorité, et celui qui reçoit en situation de dépendance. Le don, quand il est de la sorte lié à la fantaisie, au caprice du donneur, peut être humiliant pour le receveur, comme le dit très bien un proverbe africain : « La main qui donne est toujours plus haute que celle qui reçoit. » Nous constatons en l'occurrence le côté pervers de la charité, son comble même, quand le pauvre se croit obligé (à entendre ici comme tenu et redevable) de remercier le riche, ainsi conforté, gratifié, dans une démarche condescendante qui ne lui demande aucun effort, aucune privation, et ne lui coûte rien.

Notre propos ne se veut pas culpabilisant mais d'abord analytique, pour déboucher sur une solution efficace. Nous voulons effectivement montrer la nécessité de dépasser le processus dominant/dominé, générateur du très discutable sentiment de pitié, le plus souvent davantage lié à la parole qu'à l'acte et partant, fausse monnaie en soi, si la commisération n'est pas suivie d'une mesure réparatrice de l'injustice sociale constatée. Il s'agit en fait, dès que l'on veut bien manifester son intérêt pour le démuni, de prendre en compte, non seulement les effets de la misère, mais aussi ses causes. C'est toute la différence entre un pansement gastrique pour soulager un ulcère et une psychothérapie pour en supprimer la raison, donc le faire disparaître. Autrement dit, plaindre son semblable « déshérité » (un mot bien inadapté pour désigner quelqu'un privé d'un héritage… inexistant !) est évidemment insuffisant. Il convient, dans le cadre même de la dignité humaine et de l'égalité morale qui caractérisent les droits de l'homme, de permettre à la personne stoppée et jetée à terre pendant son parcours de se relever et de reprendre sa marche autonome. Avec ses droits, justement ! Nous verrons comment dans les séquences suivantes.

Aller plus loin en sa faveur veut dire dès le départ « être au clair » avec soi-même. Nous avons vu les diverses façons d'approcher notre *alter ego* – cet autre moi – avec la pleine conscience d'une tendance ancestrale à vouloir le dominer. Partant, nous avons apprécié l'utilité de nos règles sociales qui, en polissant la pierre rugueuse, blessante, que nous cherchons à rester par réflexe archaïque, nous inclinent à l'expression de nos émotions et sentiments positifs. Du respect à l'estime, de l'amour à l'amitié. Encore faut-il que nous abandonnions préjugés et rancunes tenaces. Il n'y a qu'à cette condition que, libérés par cette grâce qu'est le pardon, nous pouvons aider l'autre, sans arrière-pensées et avec Amour. Oui, ici avec un grand A !

2. La fraternité

a) L'esprit de famille

Une autre de nos tendances est la généralisation. Notre esprit fonctionnant par associations d'idées et comparaisons, il suffit de l'observation des comportements répétitifs de notre entourage pour que nous adoptions, selon les moments et notre humeur, une vision de nous-même et de nos semblables à la fois globalisante et subjective.

L'Analyse Transactionnelle postule que nous fonctionnons alternativement sur quatre « modes perceptifs » récurrents, tôt mis en place dans notre enfance. Elle les nomme « positions de vie » et les distingue astucieusement avec la combinaison des symboles mathématiques + et –.

- Que mon chef de service m'intimide par son intelligence, je peux me croire nul et voir tous les autres mieux que moi ! Je suis –, ils sont + (– +).

- Que je juge mes amis égoïstes, superficiels, je pense qu'ils ne valent rien et que je suis bien mieux qu'eux. Je suis +, ils sont – (+ –).

- Que je sois fatigué ou déprimé, j'ai une opinion négative de moi-même et les gens m'apparaissent sans aucun intérêt. Je suis –, ils sont – (– –).

- Que mon moral revienne, je me considère comme quelqu'un de bien et trouve que les autres sont très bien aussi. Je suis +, ils sont + (+ +).

Ces quatre «positions de vie», qui sont en fait nos «quatre façons de voir», à la fois nous-même et les autres, sont interchangeables et, dit l'«A. T.», nous avons une préférence pour l'une d'elles, que nous réitérons plus souvent. Il est clair que les trois premières, correspondant à une vision du monde, en quelque sorte à travers des «lunettes négatives», ne peuvent respectivement engendrer que des émotions à type de peur, colère, tristesse. Nous avons donc tout intérêt – et l'«A. T.» peut nous y aider en l'occurrence – à pointer la position de vie inadaptée et à nous en déshabituer.

En revanche, la quatrième – source de joie et de satisfaction – qui dicte l'estime de soi et des autres, nous dirige tout droit vers la fraternité, objet de la présente séquence. Y a-t-il une conception plus belle de l'humanité que de voir tous les êtres humains comme nos frères et sœurs? Positionner notre vie sur cet «esprit de famille», ô combien positif, c'est immédiatement refuser l'égoïsme, le repli sur soi, l'indifférence, l'intolérance. C'est aimer, accueillir, aider, secourir l'autre comme notre frère ou notre sœur de chair. C'est aussi, à travers cette fratrie, occasion d'altruisme (la fameuse *philia* d'Aristote, du grec *philein,* aimer), favoriser notre épanouissement personnel.

Certes, nous savons que l'«homme est un loup pour l'homme», tel que l'a défini le poète latin Plaute, il y a plus de deux mille ans. Ce que Freud a confirmé depuis en démontrant que l'instinct de destruction de ses semblables est inhérent à l'être humain, dans un contexte groupal. Mais nous le savons aussi habité par un instinct de conservation propre à son espèce. Il est donc possible de parier sur cette contradiction : puisque notre survie est tributaire de la société, ne sommes-nous pas condamnés… à fraterniser?

b) L'art du partage

Selon le schéma précité, je peux passer mon existence dans l'autodépréciation et la gêne en me jugeant inférieur aux autres (– +) ou, au contraire, dans la vanité et l'arrogance en me trouvant supérieur à eux (+ –). Je peux aussi traverser la vie dans le défaitisme et la méfiance, avec une image détestable de moi et des autres (– –). Enfin, heureusement, je peux vivre, animé par des sentiments positifs de respect et de dignité, dans la reconnaissance et la valorisation de moi-même et d'autrui (+ +).

Si l'on passe du particulier au général, il faut bien dire qu'en Europe, dans la liesse des « trente glorieuses » – ces années d'abondance qui ont suivi la dernière guerre – s'est forgé un climat d'individualisme exacerbé instituant largement le règne du « chacun pour soi ». Ce qui a longtemps donné en terme de position de vie : il n'y a que moi qui m'intéresse ! Les autres m'indiffèrent ! (+ –).

Il a fallu le « choc pétrolier » de 1973, avec l'augmentation du prix de l'énergie et la grave crise économique correspondante, malheureusement durable, pour qu'intervienne une salutaire prise de conscience. Chômage, précarité, manque de logements, exclusions ont brutalement, comme l'on dit, « remis les pendules à l'heure » en rappelant la société des hommes à ses devoirs. Alors, comme autant de petites lumières dans cet interminable tunnel, sont apparues nombre d'initiatives individuelles d'assistance aux « blessés de la vie », parallèlement aux actions humanitaires des réseaux associatifs. « J'existe, tu existes. Je vois que tu es en difficulté. Tu peux compter sur moi » (+ +), disent de plus en plus de voix aux démunis. L'Europe de l'an 2000 ouvre enfin les yeux sur sa grande famille et se met en « position de vie » positive d'ouverture et de partage ! Il est temps : il y a tellement à faire !

Partager est vu ici sous l'angle du don de soi, avec ses diverses formes. Il s'agit donc d'aller plus loin que le devoir de charité, nous le répétons, en donnant de sa personne. Littéralement, je peux de mon vivant faire « don de moi » en offrant sang ou moelle osseuse à l'hôpital le plus proche. Je peux aussi faire en sorte qu'après ma mort soit permise la vie d'une autre personne, grâce au don de mes organes. Je procède ainsi à une offrande physique, et je donne bien une « part de moi-même », sur-le-champ ou à long terme. Il n'est qu'à voir l'émotion d'un « receveur » parlant de son « donneur d'organe » pour sentir ce que ce transfert de vie a de merveilleux !

Vous voulez « donner de votre personne » alentour ? On attend de vous :

- ***Temps :*** c'est évidemment le premier élément indispensable à l'altruisme.

- ***Compétence*** *:* vous disposez certainement d'un savoir-faire personnel.
- ***Idées*** *:* votre créativité sera précieuse quel que soit le domaine d'aide.
- ***Engagement*** *:* le bénévolat demande une action réfléchie et régulière.
- ***Dialogue*** *:* échanger, c'est «tenir parole» au double sens du terme.
- ***Sourire*** *:* le démuni en a autant besoin que de secours matériels.

On trouve toujours de l'argent. Beaucoup moins des «caresses de l'âme»!

c) L'aide sociale

Conditionné par son instinct de mort, l'homme – à qui il ne suffit pas de seulement se défendre – éprouve dans les limites de son territoire une envie irrésistible de l'agrandir et un besoin viscéral répétitif d'attaquer quelque pays proche, histoire de tester ses derniers matériels militaires dévastateurs!

En attendant la suppression des États – pour l'instant une belle utopie – qui pourrait, dit-on, éviter ces fléaux que sont la guerre et sa barbarie –, la planète est sans cesse embrasée par des séries de conflits, responsables de millions de victimes, depuis des générations. L'O. N. U. et le «droit d'ingérence» dans les pays concernés constituent une première réponse de l'«intelligence émotionnelle» de l'*Homo modernus,* mais il lui reste beaucoup d'avancées à accomplir, si l'on en juge par la constance de ses actes de sauvagerie que la télévision nous montre jusqu'à la nausée.

Paradoxalement, notre sentiment d'appartenance à une nation, une ethnie, un groupe, un clan, qui peut armer notre main droite pour tuer autrui, guide dans le même temps notre main gauche pour le soigner et l'aider… puisque nous n'aimons pas qu'il souffre, ni qu'il soit en difficulté! Non, décidément, cette contradiction le démontre, nous ne sommes pas des êtres finis : il nous manque bien une dimension mentale! Affaire à suivre…

Cet esprit d'entraide, ce désir de «préserver la vie» qui, espérons-le, supplantera totalement un jour notre pulsion de mort, n'est pas nouveau bien sûr. Au Moyen Âge, des confréries professionnelles regroupaient notamment les célèbres constructeurs de cathédrales, unis par le « mestier » et la foi religieuse, dans le but de leur assurer assistance matérielle, formation artisanale et épanouissement spirituel. Quand on sait que la plupart de ces « éleveurs » de pierre ne voyaient pas la fin de l'œuvre lancée vers le ciel, on peut imaginer la puissance de leur investissement physique et affectif !

Qu'il s'agisse de la franc-maçonnerie, du compagnonnage ou des diverses guildes du bâtiment et du commerce, ces organisations, qui percevaient des adhésions pour assurer leur fonctionnement, peuvent être considérées aujourd'hui comme les ancêtres des syndicats et mutuelles, voire de notre Sécurité sociale. Leur système altruiste est aussi, en quelque sorte, à la base des associations humanitaires dont nous parlerons plus loin.

Dans notre monde anonyme du XXIe siècle, où l'on communique de plus en plus mais où l'on se parle de moins en moins, n'est-il pas bon de s'inspirer de ces valeureux maçons et charpentiers ? Chacun de nous peut, à sa mesure, « bâtir sa propre cathédrale ». En approchant sa voisine ou son voisin de palier, parfois malades, souvent inconnus. En se présentant à la mairie de son domicile ou au bureau local d'un mouvement caritatif. Vous êtes tenté par le bénévolat ? Le chantier est immense : *famille, justice, droits de l'homme, délinquance, chômage, éducation, immigration, consumérisme, culture, loisirs, environnement, santé, sports, aide internationale, Tiers-Monde… autant de pierres à tailler et à superposer pour élever l'édifice social !*

EXERCICE N° 19

Aidez les autres !

Il y a de multiples façons de s'émouvoir au bénéfice de son prochain et d'exercer le « don de soi ». Nous avons vu qu'ouvrir son porte-monnaie, voire envoyer un chèque à une organisation humanitaire, n'est pas forcément une démarche suffisante. Elle peut soulager notre conscience mais, sans jeu de mots mal placés, elle n'est guère enrichissante !

Vous êtes, comme tout le monde, quotidiennement exposé à la souffrance d'autrui. Il n'est pas inutile de faire le point sur cet aspect de votre relation aux autres parce qu'il peut vous éclairer sur vos propres motivations[1]. Suivez le «conducteur» suivant :

➠ Donnez votre définition de la solidarité, de la charité, de la pitié, du partage.

➠ Pensez à votre attitude devant la montée de la mendicité et exprimez votre avis.

➠ Considérez la place de la rancune dans votre vie.

➠ Réfléchissez au concept de fraternité comme vision de l'humanité.

➠ Listez ce que vous pouvez apporter aux autres, en terme de «don de soi».

➠ Explorez les domaines d'exercice du bénévolat que nous avons proposés, à savoir : *famille, justice, droits de l'homme, chômage, éducation, immigration, consumérisme, culture, loisirs, environnement, santé, sports, aide internationale, Tiers-Monde.*

➠ Pointez ceux qui seraient susceptibles de retenir votre intérêt et dans lesquels vous pourriez apporter un savoir-faire particulier.

➠ Concluez cette réflexion par les divers sentiments que vous inspire cette séquence.

3. La vie associative

a) Les mouvements socio-humanitaires

Au stade actuel de son évolution, l'homme est donc toujours capable du pire et du meilleur. Nous venons plusieurs fois d'évoquer le pire, dont on peut être horrifié certes, puisqu'il est clair que chacun de nous abrite un démon. Il ne s'agit pas de désespérer toutefois, puisque l'ange est aussi notre hôte, pour la réalisation du meilleur !

Celui-ci, lorsqu'il a invité à la compassion les fondateurs des grands mouvements humanitaires, s'est toujours manifesté chez eux par une vive émotion préalable, nous précise l'histoire. Un jour, un être est fortement choqué par la misère ambiante et décide d'agir, seul d'abord, ensuite avec une équipe, puis d'autres encore, qui se répan-

1. Cf. notre livre *Le Guide du bénévolat et du volontariat* (Marabout ; 1998).

dent dans le monde. Quelques cas de « dons de soi » célèbres, fournissent une chronologie très édifiante :

- ***1099 :*** le frère Gérard touché par l'état de faiblesse des pèlerins leur ouvre l'hôpital de Jérusalem. Godefroy de Bouillon admire son organisation et crée un ordre hospitalier. Celui-ci, fixé en 1550 sur l'île de Malte, en prend le nom puis vient à Rome en 1831, où l'ordre de Malte siège aujourd'hui.

- ***1617 :*** un prêtre, Vincent Depaul, qui deviendra saint Vincent de Paul, est sensibilisé par une famille en détresse dans l'Ain. Il crée avec ses paroissiens la première confrérie de Charité, puis fonde avec Louise de Marillac une œuvre qui aboutira aux actuelles Équipes Saint-Vincent.

- ***1864 :*** révulsé par le carnage de la bataille de Solférino auquel il assiste, un philanthrope suisse, Henri Dunant, pense à la création d'une assistance aux blessés de guerre. Avec quatre amis, il fonde la Croix-Rouge, qui deviendra la première organisation humanitaire mondiale.

- ***1878 :*** un jeune et pauvre anglais, William Both, est très affecté par le spectacle des désœuvrés errant dans les rues de Londres, du fait de la révolution industrielle. Devenu pasteur, il réunit ces malheureux en un grand groupe qu'il structure de façon militaire. L'Armée du Salut est née !

- ***1899 :*** en Afrique australe, le général anglais Robert Baden-Powell résiste aux Boers. Il utilise de jeunes garçons comme estafettes. Surpris par leur civisme, il a l'idée, la paix revenue, de fonder le scoutisme (de l'anglais *scout*, éclairer) qui forme les jeunes et les incite à l'entraide sociale.

- ***1946 :*** très impressionné lors du pèlerinage à Lourdes de 100 000 prisonniers de guerre rapatriés, Mgr Jean Rhodain, lui-même ancien prisonnier évadé, crée le Secours catholique, organisation charitable, filiale de *Caritas Internationalis* (œuvre allemande née en 1897).

- ***1949 :*** un soir d'hiver, l'abbé Pierre recueille un « sans-logis ». Bouleversé par sa détresse, il le convainc de l'aider à fonder une communauté de chiffonniers. Avec le produit de ses ventes, celle-ci crée Emmaüs (du nom de cette localité de Palestine où des désespérés reprirent goût à la vie).

Sept exemples parmi des centaines. Chacun de ces pionniers, avec une idée différente, s'est élevé lui-même en faisant la « courte échelle » aux autres !

b) L'action collective

Que nous montre ce millénaire que nous venons de traverser au pas de course ? *Primo,* que la solidarité, qu'on la nomme compassion ou fraternité, a d'abord largement été une « affaire religieuse » avec l'engagement de gens d'Église et de fidèles, entraînés au don de soi par cœur et vocation. *Secundo,* que cet « élan émotionnel » consistant à soigner spontanément la misère corporelle a progressivement évolué, du moine Gérard de Martigues à l'abbé Pierre, vers une continuité de soins et aides matérielles, certes, mais assortie de l'invitation des démunis à leur autoresponsabilisation.

➼ Sur cette lancée, en ***1947,*** un autre prêtre, Joseph Wresinsky, révolté par le spectacle des familles vivant dans des bidonvilles de la région parisienne, décide de créer avec elles des « cités autoadministrées ». Du coup, le démuni redevient acteur social. Ainsi apparaît **A. T. D. Quart-Monde** (Aide à toute détresse et Quart-Monde en référence aux indigents, le « quatrième ordre » qui a tenté sans succès de s'affirmer aux états généraux, sous la Révolution française en 1789).

Ces entreprises humanistes visant à redonner aux personnes défavorisées un cadre d'accès à la citoyenneté et à la parole, selon les termes même du père Wresinsky, ne se veulent pas une exclusivité religieuse, bien au contraire. À côté des organisations chrétiennes – dont l'Entraide protestante – tout à fait dans leur philosophie, le monde laïque, par le biais du Secours populaire français, entre autres, prône lui aussi cette « assistance de réinsertion » depuis 1926, date de sa fondation, avec une devise universelle : « Tout ce qui est humain est nôtre. » Comme en écho à cette affirmation, et dans la mouvance des avatars politico-économiques du turbulent XXe siècle, nombre d'associations humanitaires nationales et internationales ont vu le jour, avec à leur tête de fortes personnalités, interpellées par le triste sort de leurs semblables. Exemple :

➼ ***Union nationale des associations de parents d'enfants inadaptés,*** initiée en 1948 par un groupe de familles touchées par le handicap mental.

➼ ***S. O. S. Amitié,*** création anglaise de 1953, reprise en France dès 1960 par un bienfaiteur, Georges Lilliaz, pour assister les désespérés au téléphone.

- ***Association française contre les myopathies,*** née en 1958 et popularisée par Bernard Barataud, un cadre E. D. F., grâce au Téléthon, à partir de 1987.

- ***Amnesty International,*** crée en 1961 à Londres par un avocat anglais, Peter Benenson, pour obtenir la libération de prisonniers d'opinion.

- ***Médecins sans frontières* et *Médecins du Monde,*** conçus en 1971 et 1980, par le Dr Bernard Kouchner et ses confrères, pour intervenir à l'étranger.

- ***Restaurants du Cœur,*** suggérés par Coluche au cours d'une émission de radio en 1985, pour distribuer nourriture et aide sociale aux démunis.

Ces associations, et des dizaines d'autres, ont besoin de bénévoles. Leur proposer votre concours, c'est participer illico à une action collective menée entre authentiques compagnons (du latin *companem,* qui partagent le pain).

c) Le développement personnel

Il n'est pas nécessaire d'entrer dans une association pour faire le bien autour de soi. Des milliers de gens, individuellement, discrètement, donnent argent, nourriture et vêtements à des malheureux, apprennent à lire et compter à des enfants en retard scolaire dans leur immeuble, rendent visite à des malades hospitalisés, à des vieillards ou à des détenus, etc.

Il est indéniable toutefois qu'adhérer à un groupe caritatif, important ou non, c'est d'emblée s'intégrer à une nouvelle famille, c'est profiter de sa dynamique, dans la joie d'être utile ensemble. Si l'on aime le travail en équipe, c'est aussi donner une dimension supplémentaire à sa vie.

Il y aurait en France quelque dix millions de personnes qui, indépendantes ou associées, « servent » ainsi leur prochain. Ce verbe « servir », devenu « servir nos seigneurs les malades » dans la magnifique devise de l'ordre de Malte, est aussi superbement conjugué par les « clubs-service ». Ces mouvements, pour la plupart inspirés par l'humanisme maçonnique, ont été créés au début du siècle, d'abord aux États-Unis et en Angleterre, puis dans le monde entier, alors que n'existait nulle part de protection sociale.

En France, avec pour noms Rotary Club, Kiwanis Club, Lions International, Table Ronde française, Zonta international, Soroptimist, Innerwheel, Ladies Circle International, ils réunissent près de 100 000 hommes et femmes de bonne volonté, de toutes professions. Et non pas des « notables gastronomes » qu'un vieux cliché persiste à présenter, parce qu'ils sont peu ou mal médiatisés, donc méconnus. *Hôpital sans frontières, chiens guides d'aveugles, bibliothèques sonores, francophonie, Téléthon* sont pourtant les œuvres, parmi bien d'autres, dont ils sont les créateurs ou partenaires indispensables, et qui les occupent à longueur d'année !

Il faut avoir participé un jour à une quête sur la voie publique, par exemple au profit des non-voyants, avec les membres d'un club-service pour percevoir combien l'altruisme peut impliquer tout le registre émotionnel avec :

- ***La peur,*** quand au début, vous sollicitez les gens en tendant une sébile.
- ***La tristesse,*** quand cette sébile reste désespérément vide dans votre main.
- ***La colère,*** lorsque les regards se détournent du vôtre pour ne pas donner.
- ***La joie,*** lorsque, enfin, les pièces tintent et s'accumulent dans la boîte en fer.
- ***L'amour,*** lorsque heureux vous remerciez une grand-mère pour son obole.

Oui, c'est tout ça à la fois la pratique du don de soi : une école de maîtrise et de développement personnel, d'expression orale et gestuelle, d'estime de l'être humain. Crever sa bulle autoprotectrice pour s'intéresser aux autres permet d'entrer d'un seul coup dans le monde de la rencontre, de la générosité, de la sérénité. Et de ressentir, en fait, une profonde satisfaction.

Cette notion de plénitude est importante à souligner en terminant cet ouvrage, car elle est synonyme d'énergie. Aller vers l'autre, c'est donc se renforcer pour mieux exister. Comme l'a dit Melvin Jones en 1917, cet agent d'assurances fondateur du Lions International : « On ne va pas bien loin dans la vie si l'on ne commence pas par faire quelque chose pour quelqu'un ! »

EXERCICE N° 20

Faites votre bilan émotionnel

Après la lecture de ce livre qui, nous l'espérons, vous a permis de mieux approcher et comprendre vos émotions et sentiments, de mieux les utiliser aussi, il nous paraît judicieux de vous demander de consacrer le vingtième et dernier exercice à vos commentaires finaux des exercices précédents et à votre conclusion générale. Vous pouvez les écrire directement sur les lignes ci-dessous, tracées à cet effet.

1. Contrôlez votre niveau de stress ....
2. La peur ....
3. La colère ....
4. La tristesse ....
5. La joie ....
6. L'amour ....
7. Gérez vos peurs ! ....
8. Exprimez-vous ! ....
9. Explorez vos sentiments ! ....

10. Écoutez vos états du Moi ! ....
....
....

11. Analysez votre communication ! ....
....
....

12. Faites le point sur vos stimulations ! ....
....
....

13. Utilisez bien votre temps ! ....
....
....

14. Soyez créatif ! ....
....
....

15. Aimez-vous ! ....
....
....

16. Soyez heureux ! ....
....
....

17. Pensez par vous-même ! ....
....
....

18. Exprimez votre foi ! ....
....
....

19. Aidez les autres ! ....
....
....

20. Faites votre bilan émotionnel ....
....
....

Vos conclusions générales : ....
....
....
....
....

En bref

➢ En tant qu'êtres inachevés, il nous reste à devenir pleinement matière aimante.

➢ Nous passerons alors de l'humanité à l'*humanitude*, selon le mot d'Albert Jacquard.

➢ L'Occident joue trop le rôle de pompier de service au lieu d'être le jardinier du monde.

➢ Le mot solidarité vient de l'espagnol ancien *solidaridad :* «Qui offre le soleil.»

➢ À la différence des animaux, l'intelligence de notre cœur domine le «biologique».

➢ En donnant des pièces de monnaie aux démunis, nous soulageons notre conscience.

➢ «La main qui donne est toujours plus haute que celle qui reçoit», proverbe africain.

➢ Après l'obole, cette exigence morale, il convient d'aller plus loin par le don de soi.

➢ Avant de vouloir aider l'autre, il convient d'être au clair avec soi-même.

➢ Il faut notamment abandonner préjugés et rancunes tenaces et savoir pardonner.

➢ Puisque notre survie est tributaire de la société, nous avons tout intérêt à fraterniser.

➢ En offrant mon sang, je fais un vrai don de soi en offrant une «part de moi-même».

➢ On trouve toujours de l'argent, beaucoup moins des «caresses de l'âme».

➢ Aujourd'hui, on communique de plus en plus mais l'on se parle de moins en moins!

➢ La compassion des pionniers de l'«humanitaire» a toujours débuté par une vive émotion.

➢ La solidarité moderne donne des soins et invite les démunis à l'autoresponsabilisation.

➢ Il s'agit de redonner aux défavorisés un cadre d'accès à la citoyenneté et à la parole.

➢ «Tout ce qui est humain est nôtre» est la devise du Secours populaire français.

➢ Proposer son concours à un mouvement humanitaire, c'est pratiquer l'acte de partage.

➢ Il n'est pas nécessaire d'entrer dans une association pour faire le bien autour de soi.

➢ Toutefois adhérer à un groupe caritatif, c'est d'emblée s'intégrer à une nouvelle famille.

➢ Si l'on aime le travail en équipe, c'est donner une dimension supplémentaire à sa vie.

➢ «On ne va pas bien loin dans la vie si l'on ne commence pas par faire quelque chose pour quelqu'un» a dit Melvin Jones, fondateur du Lions International.

Conclusion

CHACUN de nous est né d'un regard échangé entre deux personnes, précisément de leur émotion commune. Cette disposition affective aux multiples facettes que nous venons d'explorer est donc bien caractéristique de l'homme. Cartésiens que nous sommes, nous aimerions que l'émotion, au lieu d'être un phénomène, soit un organe localisé, bien palpable, comme l'estomac ou le foie. Or, nous devons l'accepter : elle n'a pas en nous de domicile fixe ! À proprement parler, elle n'est pas un état mental, ni un état physique, mais plutôt, avec les mystères qui l'auréolent encore, elle est un lien invisible, une vibration entre nous et l'extérieur.

Paradoxalement, l'émotion pourrait être définie par sa non-présence. Sans elle, nous n'aurions pas la perception de notre propre existence, l'autre nous serait indifférent, notre environnement nous apparaîtrait sans signification. Bref, sans elle, nous serions prisonniers d'un organisme, privé de la conscience de notre personne et de relation au milieu. Comme absent de nous-même et du monde. Effroyable ! Et, on le voit, en tentant d'exprimer l'impensable, une émotion surgit déjà avec l'adjectif. Parce qu'elle nous permet de désigner, de réagir, de communiquer, d'être en connexion. D'être, tout simplement.

Nous le savons, certaines maladies mentales comme la schizophrénie (du grec *schizo,* fendre, et *phren,* esprit) ou l'autisme (du *autos,* soi-même) privent malheureusement la personne du rapport avec le réel, la séparent du monde. Et ce sont bien ces émotions qui se sont progressivement enfouies en elle, que famille et soignants tentent de rejoindre et de ramener au jour. Pour retrouver le contact, pour faire renaître cette affectivité.

À l'évidence, l'émotion, c'est la vie ! Et les couleurs de la vie même quand la tristesse la peint en noir, la colère en rouge, la peur en bleu, la joie en rose, selon nos expressions populaires ! Tandis que nos cinq sens nous renseignent sur l'état des lieux, en bons éclaireurs qu'ils sont, notre gamme émotionnelle nous en fait devenir sur-le-champ les acteurs. Parce que l'émotion est langage, nous interprétons le monde avec nos larmes, nos cris, nos tremblements, nos exultations. Et parce que l'émotion est aussi média, par interpénétration, nous devenons, nous sommes le monde !

Doués de raison, nous avons la vanité de penser que notre intelligence nous permet de comprendre, de juger, d'agir… alors qu'avant même son intervention, ce sont nos émotions qui sont aux commandes ! Elles sont toutes là, à chaque moment de notre vie, qu'il s'agisse du rapport à notre personne, aux autres, au temps, à la réflexion, à la création, à l'action, à la compassion, nous l'avons vu au cours de notre voyage au pays des affects.

À la fois arme et outil, ouverture et bouclier, l'émotion est toute-puissante. Néanmoins, cette émotion-reine et sa cour de sentiments sont elles-mêmes à la merci de la folle du palais et transformiste qu'est l'imagination. Lorsque celle-ci se fait face-à-main, son verre déformant peut travestir la réalité. Nous sommes des romans vivants, nous parlons toujours de nous et… nous voyons la vie à travers le filtre de notre propre histoire. Résultat : en fonction des événements auxquels nous sommes exposés, nous éprouvons des émotions positives ou négatives, en fonction même de notre analyse conditionnée, et des fantaisies de notre imagerie mentale !

C'est la conscience même de cette subjectivité, donc la connaissance de nous-même, son amélioration aussi, qui peut nous permettre d'apprécier la justesse de nos émotions. Pourquoi suis-je « en pétard » contre cet agent de police ? Suis-je de bonne foi ou humilié par sa contravention ? Pour quelle raison une nostalgie m'envahit quand je traverse cette rue ? À quels souvenirs suis-je renvoyé ? Pourquoi ai-je ce trac paralysant au moment de prendre la parole devant mes amis ? Cette appréhension est-elle justifiée ? Qu'est-ce qui motive mon enthousiasme en commandant cette voiture ? Est-ce l'excitation pour la nouveauté ou l'envie que je veux lire dans le regard de l'autre ?

Il ne s'agit pas, nous le répétons, d'étouffer nos émotions, ni de les contenir à toute force, au risque de somatiser avec leurs toxines. N'oublions pas qu'elles sont en nous des sources vives. Si nous les empêchons de sortir ici, elles jaillirons là ! Il s'agit donc essentiellement de les canaliser pour les évacuer lorsque l'eau de la colère charrie agressivité, voire méchanceté, pire, barbarie. Et quand celle de la peur et de la tristesse secrète un stress nuisible au système vasculaire et aux défenses immunitaires. Sports, yoga, sophrologie, encadrés par des spécialistes, sont en l'espèce des exutoires de choix. Comme l'éducation, cette oubliée, peut nous donner une règle de vie.

Au vrai, il convient d'être à l'écoute de nos émotions, de comprendre leurs vrais et faux discours au fil de nos activités, pour que notre inconscient, à l'écoute lui aussi et grand maître du jeu, règle positivement le « thermostat » de notre affectivité. Alors viendra le moment, tout à l'heure peut-être, où vous ferez une colère passagère mais à bon escient contre votre ami toujours en retard comme d'habitude. Et vous chercherez calmement le dialogue avec lui pour faire le point, sans vouloir le dominer ni vous laisser dominer. Puis, vous irez faire ensemble quelques pas dans le parc voisin pour vous détendre et rire aux éclats, comme de grands enfants. Enfin, vous prendrez un pot, pour arroser (modérément !) l'amitié retrouvée et trinquer à son nouveau départ !

Parce que les émotions existent pour être vécues ici et maintenant. Comme le conseille Deepak Chopra[1] :

> Acceptons les personnes, les circonstances et les émotions telles qu'elles se présentent. Quand on se révolte contre quelqu'un ou quelque chose, c'est contre le sentiment qui monte en nous que nous réagissons. Donc, prenons la responsabilité de ce que nous ressentons. On récupère ainsi la possibilité de trouver une réponse créative à la situation telle qu'elle est aujourd'hui. Le passé est une histoire, le futur un mystère et le présent un don. C'est pourquoi ce moment est appelé «présent».

1. Cf. *Les 7 Lois spirituelles du succès* (Le Rocher ; 1995).

Bibliographie

Apfeldorfer, Gérard : *Pas de panique ! : manuel à l'usage des phobiques, des angoissés et des peureux* (Hachette Pratique ; 1992).

Chalvin, Dominique : *Faire face aux stress de la vie quotidienne* (ESF ; 1982).

Chauveau, Bernard : *L'Anxiété* (M.A. ; 1998).

Cosnier, Jacques : *Psychologie des émotions et des sentiments* (Retz ; 1994).

Fromm, Éric : *L'Art d'aimer* (Desclée de Brouwer ; 1995).

Garibal, Gilbert : *Les Trucs anti-trac* (Marabout ; 1996), *ABC de l'Analyse Transactionnelle* (Grancher ; 1999), *Vers la confiance en vous en huit étapes* (Dangles ; 1997), *Guide des sciences parallèles* (De Vecchi ; 1997), *Le Guide du bénévolat et du volontariat* (Marabout ; 1998), *La Méthode Coué* (De Vecchi ; 1999).

Huisman, Denis : *La Psycho en bandes dessinées* (Hachette ; 1978).

Huisman, Denis & Vergez, André : *Philosophie* (t. I : « L'Action », t. II : « La Connaissance », Marabout ; 1994).

Jacquard, Albert & Planès, Huguette : *Au pays de Socrate : petite philosophie à l'usage des non-philosophes* (Calmann-Lévy ; 1997).

Koupernik, Cyrille : *Le Livre des peurs* (Ramsay ; 1987).

Lagache, Daniel : *La Psychanalyse* (coll. « Que sais-je ? », PUF ; 1976).

Lassus, René de : *L'Ennéagramme* (Marabout ; 1997).

Ouspensky, Petr Demianovitch : *Fragments d'un enseignement inconnu* (coll. « Monde ouvert », Stock ; 1974).

Pierce, Penney : *L'Intuition : une voix qui ne trompe pas* (Le Jour ; 1998).

Reeves, Hubert ; Rosnay, Joël de ; Coppens, Yves & Simonnet, Dominique : *La Plus Belle Histoire du monde : les secrets de nos origines* (Le Seuil ; 1996).

Salmon, Éric : *ABC de l'Ennéagramme : reconnaître les différentes forces qui nous animent* (Grancher ; 1997).

Servan-Schreiber, Jean-Louis : *L'Art du temps* (Fayard ; 1984).

Échangeons !

Vous venez de terminer la lecture de ce livre. Peut-être souhaitez-vous échanger avec moi à son propos ?

Je serais très heureux de connaître les émotions, sentiments, impressions, que vous avez pu éprouver.

Je vous remercie de bien vouloir m'adresser, par l'intermédiaire de mon éditeur, vos commentaires et demandes éventuelles de renseignements.

Je vous répondrai avec plaisir.

(Joindre une enveloppe timbrée pour la réponse.)

Table des matières

Préface 7
Introduction 11

PREMIERE PARTIE
Émotions et sentiments

Chap. I : **L'émotion, c'est quoi?** 17
1. Le corps et l'esprit 18
a) Un trouble physique 18
b) De l'«erectus» au «modernus» 19
c) Des agents de liaison 20
2. Les phénomènes affectifs 21
a) De l'émotion au sentiment 21
b) Les bruits de la passion 23
c) Des pulsions aux affects 26
3. Le stress 28
a) La pression sociale 28
b) Une tension naturelle 29
Exercice n° 1 : CONTROLEZ VOTRE NIVEAU DE STRESS 30
En bref 32

Chap. II : **La gamme émotionnelle** 35
1. Les émotions en action 36
a) Des piles électriques 36
b) La peur 36
Exercice n° 2 : LA PEUR 37
c) La colère 37
Exercice n° 3 : LA COLERE 38
d) La tristesse 38
Exercice n° 4 : LA TRISTESSE 39

e) La joie 39
Exercice n° 5 : LA JOIE 39
f) L'amour 40
Exercice n° 6 : L'AMOUR 40
2. La gestion des peurs modernes 41
a) L'anxiété, l'angoisse 41
b) Les phobies 42
Exercice n° 7 : GÉREZ VOS PEURS 43
3. Les peurs événementielles 45
a) Vous avez la parole ! 45
b) Le trac, la timidité 47
Exercice n° 8 : EXPRIMEZ-VOUS ! 49
En bref 52

Chap. III : **Le registre sentimental** 55
1. Des hôtes facétieux 56
a) Les sentiments substitutifs 56
b) Les sentiments « élastiques » 58
c) Les sentiments « cadeaux » 59
2. Les mauvais sentiments 60
a) La culpabilité 60
b) Le mépris 62
c) La jalousie 63
3. Les sentiments positifs 65
a) Le respect, l'égalité 65
b) L'enthousiasme, la sérénité 66
Exercice n° 9 : EXPLOREZ VOS SENTIMENTS 67
En bref 70

DEUXIEME PARTIE

Émotions et vie quotidienne

Chap. IV : **Les autres** 75
1. L'être en relation 76
a) Moi 76
b) Toi 77
c) Nous 78
Exercice n° 10 : ÉCOUTEZ VOS ÉTATS DU MOI 80
2. L'échange 80
a) La transaction simple 81

b) La transaction double ... 83
c) La transaction de redéfinition ... 84
Exercice n° 11 : ANALYSEZ VOTRE COMMUNICATION ... 86
3. Les signes de reconnaissance ... 86
a) Les stimulations inconditionnelles ... 86
b) Les stimulations conditionnelles ... 87
c) Donner et recevoir ... 89
Exercice n° 12 : FAITES LE POINT SUR VOS STIMULATIONS ... 90
En bref ... 91

Chap. V : **Le temps** ... 93
1. La structuration du temps ... 94
a) Le temps relationnel ... 94
b) Le temps corporel ... 95
c) Le temps psychique ... 96
2. Le jeu ... 98
a) Les loisirs ... 98
b) L'exercice physique ... 99
c) Le rire, l'humour ... 101
3. L'organisation ... 102
a) Le désordre, l'ordre ... 102
b) Le retard, l'urgence ... 103
Exercice n° 13 : UTILISEZ BIEN VOTRE TEMPS ... 105
En bref ... 107

Chap. VI : **La créativité** ... 109
1. L'imaginaire ... 110
a) La représentation ... 110
b) La curiosité ... 111
c) L'intuition ... 112
2. Le violon d'Ingres ... 114
a) Le bricolage ... 114
b) Les travaux artistiques ... 115
c) La transmission ... 116
3. L'art ... 118
a) La contemplation ... 118
b) Les formes ... 119
c) Les couleurs ... 121
Exercice n° 14 : SOYEZ CRÉATIF ! ... 122
En bref ... 124

TROISIEME PARTIE

Émotions et amour

Chap. VII : **Qu'est-ce qu'aimer ?** 129
1. L'estime de soi 130
a) Se considérer 130
b) S'évaluer 131
c) S'accepter 133
Exercice n° 15 : AIMEZ-VOUS ! 134
2. La rencontre 135
a) Le désir 135
b) Le plaisir 137
c) L'amitié 138
3. La joie de vivre 139
a) L'enfance 139
b) La nature 141
c) Le bonheur 142
Exercice n° 16 : SOYEZ HEUREUX ! 144
En bref 146

Chap. VIII : **La spiritualité** 149
1. La culture 150
a) La famille 150
b) Les éducateurs 151
c) Les leaders d'opinion 152
Exercice n° 17 : PENSEZ PAR VOUS-MEME ! 154
2. La religion 155
a) La pensée magique 155
b) La « reliance » 156
c) La superstition 158
3. La foi 159
a) Croire 159
b) Vivre 160
c) Mourir 162
Exercice n° 18 : EXPRIMEZ VOTRE FOI ! 163
En bref 165

Chap. IX : **Le don de soi** 167
1. La compassion 168
a) La solidarité 168

b) La charité 169
c) Le pardon 171
2. La fraternité 172
a) L'esprit de famille 172
b) L'art du partage 173
c) L'aide sociale 175
Exercice n° 19 : AIDEZ LES AUTRES ! 176
3. La vie associative 177
a) Les mouvements socio-humanitaires 177
b) L'action collective 179
c) Le développement personnel 180
Exercice n° 20 : FAITES VOTRE BILAN ÉMOTIONNEL 182
En bref 184

Conclusion 187
Bibliographie 191
Table des matières 193

L'impression de cet ouvrage
a été réalisé par Jouve
11, bd de Sébastopol, 75001 PARIS (France)

pour le compte des Éditions DANGLES
18, rue Lavoisier – 45800 SAINT-JEAN-DE-BRAYE (France)

Dépôt légal Éditeur décembre 2004 – Imprimeur n° 362482F

Achevé d'imprimer en décembre 2004